KB062855

메타버스 시대를 이끈 괴짜들의 창의력 이야기

한국의 IT 천재들

유 한 준 지음

BOOK STAR

머리말

생각의 날개를 펴면서 꿈을 가지세요!

프랑스의 사상가 B. 파스칼은 '인간은 생각하는 갈대'라는 유명한 명언을 남겼습니다.

그는 자기의 사상을 집약적으로 표현한 책《광세》의 서문에서, "인간은 자연 가운데서 가장 약한 하나의 갈대에 불과하다. 그러나 인간은 생각하는 갈대이다."라고 말했습니다. 이 말은《성서》마태복음 가운데 '상한 갈대'에서 유래되었다고 합니다.

인간은 이 광대무변한 대자연 가운데서 볼 때 바람에 흩날리는 하나의 갈대처럼 가냘픈 존재에 지나지 않으나, 생각하는 데 따라서는 이 우주를 포용할 수도 있고 정복할 수도 있을 만큼 엄청난 위대성을 지니고 있습니다. 그러나 '생각하는 갈대'는 위대함과 비참함을 함께 지니고 있습니다. 이처럼 모순된 양극을 지니고 있는 인간 존재와 그 밑바닥으로부터 싹트는 불안을 이 한 구절이 상징하고 있습니다. 따라서 '생각하는 갈대' 인간은 자연적인 존재로서는 약하지만, 생각하는 존재로서는 고귀하고 위대하다는 것을 일깨워 주고 있습니다.

우리는 일상생활에서 정해진 사회적 질서와 인류 도덕에 따르며 자유로운 생활을 합니다. 그래서 정해진 틀에서 벗어나 생활을 한다는 일, 자유를 무제한 무한대로 누릴 수 있는 사람은 아무도 없습니다.

우리는 머리가 뛰어나게 좋은 사람을 천재라고 부릅니다. 첨단 과학 문명이 초고속으로 발달하고 있는 현대 사회에서는 창의적인 사람, 창조력이 있는 사람들이 혜성처럼 나타나 사회적인 스타가 되는 경우가 종종 생깁니다.

그런데 많은 사람은 흔히 "왜 우리는 창의적이지 못할까?" 또는 "나는 왜 창조력이 부족한가?"라고 말합니다. 하지만 이 물음에 대한 대답은 서로 다릅니다.

"고정관념이라는 울타리 안에 갇혀 있어서는 발전이 없다. 고정 관념을 버려라."라는 말을 많이 합니다. 이런 말을 하기는 쉬워도 실천하기는 어렵습니다. 고정된 관념을 패턴화된 사고방식이라고 표현합니다. 놀라운 일은 패턴화된 사고방식이 인간의 본능적인 사고방식의 일부라는 점입니다.

이를 벗어날 수 있는 사람들이 시대를 앞서 나아갈 수 있는 창의력을 지니거나 창조력을 가진다는 점입니다. 이런 일들은 스포츠의 야구나 축구, 과학의 게임과 기술 등에서 가끔 나타납니다.

과학자들은 길을 걸어가면서도, 계단을 오르내리면서도 "왜 그럴까?" 하면서 어떤 생각을 하고 기발한 아이디어를 얻는다고 말합니다. 새로운 아이디어를 찾는다는 일은 그 자체가 발전입니다. 어떤 일에 의문을 품고 그 의문을 풀기 위해 집념을 갖고 노력하는 사람은 문제를 해결할 수 있는 능력의 열쇠를 가지고 있는 사람입니다.

미국 하버드대학 재학 중이던 열아홉 살 때 마이크로소프트를 설립하고 서른한 살에 세계 최초로 가장 젊은 억만장자 타이틀을 거머쥔 빌 게이츠는 창조적인 두뇌 하나로 지구촌에 PC 왕국을 건설하고 컴퓨터 황제가 된 21세기 신화 창조의 주인공입니다. 그는 분명코 컴퓨터의 천재, 관리와 운영의 귀재라는 평판을 듣고 있습니다.

그가 어떻게 이런 큰 성공을 거두었을까? 지구촌의 수많은 사람이 그 답을 찾으려고 시도하였습니다. 그런 대답을 한국의 젊은 IT 천재들인 김범수, 김정주, 김택진, 방준혁, 장병규, 이해진 등이 찾아냈고, 각기 창업하여 열정을 가지고 운영하면서 성공하여 부모의 유산 없이 마침내 수조 원을 훌쩍 뛰어넘는 거대한 갑부 그룹을 이루었습니다.

국가와 민족의 동량이 될 청소년들이 카카오톡의 김범수, 넥슨의 김정주, 엔씨소프트의 김택진, 네이버의 이해진 대표 등이 이룩한 IT 산업 창업 성공 스토리에 넷마블의 방준혁 의장, 크래프톤의 장병규 의장의 성공 신화를 더하여 엮었습니다. 이들의 지혜와 용기를 보면서 미래의 꿈을 키워가기 바랍니다.

유 한 준

차 례

netmarble

kakao

NAVER

KRAFTON

제1장

IT 산업 신화 창조의 주역들

제1장

IT 산업 신화 창조의 주역들

세상을 바꿔 놓은 사람들

과학 문명의 발달로 오늘날 지구촌은 항상 새롭게 변화하고 있으며, 사람들의 생활은 매우 편리해지고 있다. 보통 사람들이 상상조차 못 했던 수많은 발견, 발명품들로 넘쳐나기 때문이다.

자동차, 비행기, 텔레비전, 컴퓨터, 형광등, 시계, 휴대전화, 전자계산기 등 각종 과학적인 첨단 발명품들을 분석해 보면 반드시 몇 가지의 기본적인 공통점이 있다는 것을 깨닫게 된다. 평범한 일상생활 속에서 사람들의 생활을 보다 편하고 즐겁게 해주고 싶다는 생각, 자연에 도전하여 새로운 환경을 만들어 내려는 인간의 끊임없는 집념, 그리고 이런 욕망의 실현을 위해 부단한 노력을 쏟은 끝에 일궈낸 귀중한 발명품이라는 것이 그 공통점이다.

이처럼 신기한 발견 또는 발명품을 만들어 내면서 세상을 바꿔가는 사람들은 도대체 어떤 사람들일까? 무엇인가 새로운 것을 만들어 보자며 밤낮 없이 노력한 끝에 값진 발명품을 내놓은 노력파도

제1장 IT 산업 신화 창조의 주역들 | 13

있고, 정말 우연한 일로 행운을 얻은 사람도 있다.

그런 사람들 가운데 유명한 사람으로는 세계의 발명왕인 미국의 에디슨, 화약을 만들다가 엄청난 피해를 불러오고 노벨상을 탄생시킨 스웨덴의 노벨, 놀랍고도 신비로운 빛 X선을 발견하여 의학 치료로 혁명을 일으킨 독일의 뢴트겐 등 수없이 많다.

더구나 21세기 지구촌 사람들의 생활을 바꿔 놓은 사람으로는 컴퓨터의 황제인 미국의 빌 게이츠와 페이스북 창업자인 IT 천재 마크 저크버그가 그 중심 인물이다.

이런 사람들의 덕분으로 오늘날 우리들의 생활은 보다 편리한 문화생활, 과학적인 생활을 누리고 있다. 하지만 중요한 발견은 엄청난 연구가 아니라 아주 사소한 일상생활 속의 관점에서 아이디어를 얻고 이루어낸다는 사실이다.

싱크 탱크 삼성 SDS 괴짜들

정보기술 IT 업계에서 세계적인 기업으로 떠오른 삼성 SDS는 한국을 포함해 미국·영국·중국·일본 등지에 총 9개의 디자인 연구소를 두고 있다.

이들 연구소에 근무하는 디자인 인력은 1,300여 명이며, 그 가운데 10% 이상이 외국인이다. 현재 유럽과 일본에 있는 삼성 SDS에서는 외국인 디자이너가 책임자로 활동한다.

새로운 성장 동력을 찾는 건 연구 개발 부문뿐만 아니라 디자인 분야에도 내려진 숙제이다. 외국인 디자인 인력들을 적극적으로 활용해 새로운 디자인 가치와 경쟁력을 발굴하려는 노력을 지속적으로 펼치고 있는 것도 그런 이유에서다. 실제로 영국 런던에 본부가 있는 삼성전자 유럽디자인연구소 소장(임원급)을 42세의 독일인 펠릭스 헤크 디자이너가 맡고 있다.

그만큼 삼성 SDS는 '젊은 분위기'로 열정이 넘쳐 흐른다.

해외 유명 디자이너들이 삼성 SDS로 몰려드는 이유는 무엇일까? 삼성 SDS의 힘이 점점 더 거세지면서 그 위세가 날로 당당해지기 때문이다. 삼성전자의 '꽃'이자 슈퍼 갑(甲)이라는 말까지 나올 정도다. 기획·경영·전략·마케팅·실행 등 삼성전자의 모든 분야를 총괄하는 곳이다. 디자이너가 제출한 아이템을 연구 개발 파트에서 여러 이유를 들어 '퇴짜'를 놓는다 해도 개발 담당자의 이름이 주홍글씨처럼 끝까지 남는다. 그래서 예전에는 디자이너들이 개발자에게 의견을 맞추는 경우가 많았지만, 지금은 그 반대이다. 더구나 디자인 파트의 위세는 파격적인 승진과 보상으로 이어지고 있다. 30대에 임원이 된 인재들도 많다.

'보르도 TV'를 디자인해 삼성전자가 2006년 이래 TV 분야 세계 1위를 계속 누리고 있는 것도 이들 30대 임원들의 작품이다. 갤럭시 S3을 개발한 경우도 마찬가지이다.

이런 결과는 디자인 우대 정책이다. 그러니 해외 인재들이 삼성에 눈을 돌리는 것은 너무나 당연하다. 그래서 삼성 SDS의 디자인 혁신은 계속 진행형이며 또 세계 정상급이다. 글로벌 정보기술 IT

업계에 디자인 경쟁은 이미 불이 붙어 활활 타오르고 있다. 삼성, 구글, 애플 등이 모두 차세대 IT 시장을 선점하기 위해 디자인 역량을 높이고 있다. 기술이나 성능 경쟁은 어느 정도 한계에 이르렀기 때문에 이제는 디자인으로 승부를 가릴 수밖에 없는 단계에 도달하였다는 분석이다.

그런 조직에서 천재적 두뇌로 번쩍이는 아이디어를 창출하던 젊은 인재들, 아니 괴짜들이 IT 산업에 손을 대고 창업하여 1조 원 클럽을 형성하고 있는 것이다.

IT 산업이란 무엇인가?

IT 산업이라는 말은 정보기술 Information Technology의 머리글자를 따서 만든 약자이다. 인터넷이나 소프트웨어, 이동통신, 반도체, 전자 등 정보를 송신 또는 수신하고 저장하는 일련의 모든 기술을 통틀어 가리키는 말이다.

정보기술은 컴퓨터·소프트웨어·인터넷·멀티미디어·경영 혁신·행정 쇄신 등 여러 분야에 걸쳐 정보화 수단에 필요한 유형 또는 무형의 기술을 통칭하는 말로, 간접적인 가치를 창출하면서 이윤을 증대함을 목표로 삼고 있는 새로운 개념의 정보 종합 기술이다.

직업으로는 IT 기술을 직접 개발하고 연구에 참여하는 인력도 있을 것이고, 인재를 양성하는 대학 교수나 전문학원 강사, 정부기관에서 관련된 업무를 담당한 공무원, 기업체에서 관련 분야의 업무를 맡은 산업 인력 등 그 범위가 매우 넓고 그 종류도 대단히 많다.

맨주먹으로 스타가 되다

외국의 유명한 과학자에 못지않게 대한민국에서도 40대의 젊은 나이에 IT 산업의 신화를 창조하여 일반 사람들의 일상생활을 근본부터 바꿔 놓은 슈퍼스타들이 있다.

혜성처럼 떠오른 대한민국 출신의 세계적인 젊은 IT 기업인 억만장자로는 '카카오톡'의 김범수 의장, '바람의 나라'를 개발한 넥슨 NXC 김정주 대표, 온라인 게임 기업인 엔씨소프트 김택진 대표, '인터넷을 항해하는 사람'이라는 네이버(NAVER)의 이해진 의장 등이다.

그 주인공들은 IT 산업으로 성공하여 억만장자 부호로 우뚝 서면서 세상의 부러움을 사고 있다. 흔히 말하기를 '서

맨주먹으로 스타가 되다

서울대학교 공과대학 86학번 동기'라 불리는 벤처 1세대들로서 컴퓨터공학, 전자공학, 산업공학 등을 전공하였다. 그 주인공들은 부모의 유산 없이 맨주먹으로 시작하여 1조 원대의 자산을 일궈낸 천재 신동(神童)들이다. 그러나 그들은 "나는 천재가 아니고 신동도 아니다."라고 입을 모은다.

도대체 그들은 어떤 청년들인가? 이른바 천재 중의 천재인가? 학창 시절에 공부를 어떻게 하였기에 맨주먹 두뇌 하나로 10여 년 만에 억만장자가 되었을까?

대한민국을 대표하는 젊은 IT 기업가들은 하나같이 '자유방임주의'로 성장하였다는 공통점이 있다. 그들의 부모들은 아이들이 자

기 일을 스스로 알아서 하도록 내버려 두었다. 그런 부모 밑에서 어릴 적부터 모든 계획을 스스로 세우고 실천해 나갔다. 어린 시절 스스로 목표를 세우고 실천한 덕에 주어진 문제를 스스로 해결하는 능력을 키우면서, 일을 스스로 해결하는 추진력을 길렀다. 그래서 일에 대한 자신감이 강해졌고, 자신의 일을 사랑하고 가장 큰 복으로 생각하는 긍정적인 힘이 생겼다.

매력의 IT 산업

현대는 물론 미래도 IT 산업 기술이 세상을 지배할 것이다. 초등학생은 말할 것도 없고, 중·고·대학생을 포함하여 2030세대들이 열광하는 매력의 IT 산업 기술이란 도대체 무엇일까?

IT는 Information Technology의 준말로 정보 기술이란 말이다. 정보 기술이란 날마다 쏟아지는 수많은 정보 가운데에서도 기업 경영과 발전을 이끄는 동력이 되는 여러 가지 필요한 정보를 정확하고 신속하게 수집하여, 필요한 것들을 추려 선택하는 과정을 다루는 첨단 기술이다.

수많은 정보를 체계적으로 취합하고 분석하는 작업을 전문적으로 다루어 그 이론과 실용 기법을 산업에 적용하는 것을 말한다. 따라서 IT 산업은 정보 기술을 이용한 첨단 산업이라고 할 수 있다. 한마디로 현대 문명사회를 이끌어가는 기반이자 동력의 모든 것이다.

컴퓨터 기술을 활용한 소프트웨어, 정보통신 방송, 언론 등의 멀티미디어, 인터넷 등의 정보보안을 아우르는 말로, 컴퓨터 등 정보통신 기술이 발달한 정보화 사회에서 주목받는 용어이다.

세계를 지배하는 선진국들의 IT 산업 기술 경쟁은 날로 치열해지고 있다. 세계 최강대국 미국과 미국에 도전하는 중국, 러시아 등의 경쟁은 이미 불붙었다. 산업혁명이 시작된 유럽의 경우에는 영국이 단연 선두라고 말할 수 있다. 영국의 IT 산업은 유럽 국가들 가운데 최대 규모를 자랑하고 그 기술 역시 선두를 달린다. 영국의 IT 산업에는 소프트웨어 개발 업체, 시스템 집적화 업체, 정보처리 용역 업체, 컴퓨터 완제품 공급 업체, IT 자문 업체, IT 외주 업체 등으로 나뉘어 있고, 관련 인구 인력도 무려 50만 명이나 될 정도로 엄청나다.

세계의 IT 재벌들이 영국의 연구개발(R&D) 연구소를 앞다투어 설립할 만큼, 기업과 대학이 연결되어 있다. 영국의 학자들은 인공지능(AI), 신경망 회로, 위기 안전관리 체계를 구축한 프로그램 시스템 등의 여러 분야에서 탁월한 능력을 발휘하여 명성을 떨친다.

IT 산업에 대한 투자도 매우 적극적이다. 외국인 투자에 문호를 개방하고 적극적으로 유치하고 있다. 전체 투자액 가운데 25% 이상이 IT 산업에 집중되어 있다. 이러한 성과를 바탕으로 영국 정부는 IT 산업 관련 전략을 보다 효과적으로 전담 수행하는 'e-인보이청'을 신설했다. '전자 특사'라는 의미를 지닌 관청으로 우리나라의 정보통신부와 같은 성격이다.

e-인보이청에서는 전자상거래에 대한 전략 개발과 검토, 전자상거래의 혜택을 사회 전체에 확산시키는 일을 담당한다. 이를 통해

전자정부를 확립시키고 영국의 전자상거래 전략을 해외에도 수출해 지배 영역을 넓혀가고 있다.

지리적으로 우리와 가장 가까운 이웃 나라 일본 IT 시장도 '초고속 통신망'이라는 말이 최대 이슈이다. 초고속 통신망(ADSL)은 흔히 케이블, 광통신, 무선 등을 통해 정보를 대량으로 전송하는 광역대 통신망(broad band)을 일컫는다.

2021년 여름, IT 산업에 대드 열풍이 휘몰아쳤다. 대드(DAD)란 무엇인가? 정상이 아닌 값을 딥러닝 기술을 이용하여 자동으로 학습하고 감지하는 기술이다. 요새 여기저기에서 4차 산업에 관한 이야기가 뜨겁다. 제조, 물류, 서비스업 등 산업 전반에서 4차 산업 기술을 응용하는 데 역량을 집중하고 있다.

핫이슈, 빅데이터, 자율주행, 3D 프린팅 같은 단어들은 이제 초등학생도 즐겨 사용한다. 그런 것 말고, 전문적인 핵심 기술을 알아야 한다. 4차 산업, AI 기술 등은 기업에서 활용하고 있는 용어들이다. 잘나가는 기업들은 그러한 원천기술을 거침없이 읊어댄다. 디지털 트윈, 스마트 팩토리, 머신러닝 등의 키워드가 거침없이 나돈다.

생산 공정 데이터를 이용하여 장비나 설비가 오동작을 일으키거나 고장이 생겨 생산 과정에서 발생하는 오류를 감지할 수 있고, 서버나 네트워크의 로그 데이터를 기준으로 시스템에 대한 불법적인 침입을 감지할 수도 있다. 또 개인정보, 건강정보, 금융, 보험, 통신 등의 분야에 대한 오용 감지도 알아낼 수 있으며, SNS의 비정상적인 사용을 감지할 수도 있다.

마크베이스의 제품으로 수집된 데이터를 좀 더 정확하고 빠르게 분석하기 위해서 DAD를 비롯한 AI 기능의 통합에 대한 연구개발을 진행하고 있다. 앞으로 개발할 마크베이스의 솔루션은, 데이터의 수집, 저장, 분석뿐만 아니라, AI를 이용한 생산 데이터 진단을 통해 스마트 팩토리를 구현하는 데 앞장선다는 것이 꿈이다.

디지털 트윈, 스마트 팩토리, 머신러닝 같은 주요 첨단 기술들은 서로 융합되고 파생되어 다양한 산업 분야에 적용될 것이다. 지금은 주로 제조나 물류 등에서 활용되지만 앞으로는 개인들이 사용하는 많은 디바이스나 시설물들에도 적용될 것이 분명하다. 내 몸의 체온, 혈압, 안구 상태 등을 실시간 체크해서 병원으로 데이터를 전송하고, 그 데이터를 본 의사가 어딘가 이상하니 병원으로 오라는 신호를 보낸다.

재벌 제치는 IT 신흥 부자들

미국의 경제·미디어·데이터·소프트웨어 기업 블룸버그가 2021년 7월 공개한 억만장자 지수에 따르면 최고 갑부 순위가 변했다. 한국 1위는 15조 원을 모은 '흙수저 출신' 카카오의 김범수 의장이고, 전 세계 최고 부자는 제프 베이조스 아마존 창업자로 순자산 총 2,110억 달러(약 242조 원)로 나타났다.

카카오 창업자 김범수 의장은 134억 달러(약 15조 원)의 순자산으로, 121억 달러(약 14조 원)의 재산가인 이재용 삼성전자 부회장을 제치고 한국 재산 순위 1위에 올랐다. 김 의장은 주가 고공행진에 힘입어 올해 들어서만 재산을 60억 달러(약 7조 원) 이상 불린 것으로 집계됐다. 더불어 카카오 주가는 올해에만 91% 급등했다.

블룸버그는 "자수성가한 기업가 김 의장이 이재용 부회장을 비롯해 수십 년 동안 한국 경제를 지배해온 재벌 총수들을 모두 제쳤다는 사실이 놀랍다."라고 밝혔다.

김 의장은 어린 시절 여덟 명의 가족이 단칸방에 살았을 정도의 '흙수저'로 잘 알려진 인물이다. 서울대 산업공학과를 졸업하고 '한게임'을 창업했던 그는 지난 2006년 카카오의 전신인 '아이위랩'을 세웠다. 4년 뒤 카카오톡 메신저를 출시해 대박을 터트린 뒤 결제, 금융, 게임, 차량 호출 등까지 사업 영역을 확장하며 승승장구 발전을 거듭해 왔다. 카카오의 시가총액은 8월 6일 종가 기준 64조 6,690억 원으로 한국 증시에 상장된 기업 중 네 번째로 많다.

특히 올해 들어 김 의장의 재산이 더 크게 불어난 것은 카카오 자회사들의 잇따른 기업공개(IPO)를 통해 투자자들의 기대감을 높여준 덕분이라고 블룸버그는 분석했다.

■ 카카오톡의 김범수 의장

1966년생, 서울대학교 산업공학 학사 및 석사과정을 마쳤다. 이후 삼성 SDS에서 근무하다가 나와서 '한게임'을 만들었다. 이해진의 네이버와 합병하여 NHN을 만들고 공동대표를 맡아 일하다가 4년 뒤인 2004년 NHN 단독 대표가 된 뒤, 해외 사업을 총괄하는 대표가 되었다. 2007년 8월 대표직을 그만두고 가족들과 3년을 보낸 후 다시 카카오톡을 만들어 성공하면서 세계적인 스타로 떠올랐다.

■ 넥슨의 김정주 회장

1968년생, 서울대학교 컴퓨터공학과 학사, 카이스트(KAIST) 전산학과 석사 및 박사 과정을 마쳤다. 박사 과정 중 글로벌 온라인 게임 업체 넥슨을 창업하고, 그래픽 온라인 게임 '바람의 나라'를 개발하였으며 세계 최장수 서비스 업체로 키웠다. 현재 넥슨 그룹의 대표를 맡고 있다. 15조 9,000억 원을 보유한 자산가로 떠오르면서 유산 없이 자수성가한 부자 2위에 올랐다.

■ 엔씨소프트의 김택진 대표

1967년생, 서울대학교 전자공학과 학사와 석사를 마친 뒤, 박사 과정을 공부하던 중에 엔씨소프트를 창립했다. 엔씨소프트 창립 전에 '아래아한글'을 공동 개발하였고, 도스용 '한메타자 교사'를 개발하는 등 소프트웨어 개발자로서 이미 명성을 떨쳤다. 온라인 게임 '리니지', '리니지 2', '길드워' 등을 통해 엔씨소프트를 세계적인 게임 기업으로 성장시켰다. 대한민국 문화콘텐츠 해외 진출 유공자로 대통령 표창을 받았다.

■ 넷마블의 방준혁 의장

1968년생, 자신을 '진품 흙수저'라고 일컫는다. 초등학교 때 학원을 다니고 싶어 신문 배달을 했다. 고교 2학년 때 '시험 성적 순위를 따지는 학교가 싫다'며 자퇴, 넷마블의 성공 신화를 이룩하여 가난뱅이에서 거부가 된 입지적인 인물이다. 그의 재산은 2조 6,000억 원대, 한국 10대 주식 부호로 등극한 IT 산업계에 혜성처럼 등장했다.

"재벌 지배 구조를 혁신해야 한다는 비난이 일고 있는 한국에서 젊은 세대가 재능을 펼칠 수 있도록 영감을 불어넣어 줄 것이다." 라고 미국의 경제 미디어 그룹 블룸버그가 평가했다.

■ 크래프톤의 장병규 의장

1973년생, 대구과학고교를 2년 만에 조기 졸업하고 카이스트에 진학, 전산학을 전공하고 학사·석사·박사학위를 받았다. 1997년 게임회사 네오위즈를 공동 창업하고, 10억 원을 벌자며 무조건 일에 매달려 몰두하기 시작했다.

그 시절 2년 동안 주 100시간을 일한 무서운 일벌레였다. 세계적으로 큰 인기를 얻은 슈팅 게임 '배틀그라운드(배그)'를 제작한 블루홀(크래프톤의 전신)을 설립했다. '성공한 1세대 벤처기업인'으로 꼽히는 그의 주식 가치는 3조 5,000억 원에 이른다.

■ 네이버의 이해진 의장

1967년생, 서울대학교에서 컴퓨터공학을 전공하고, 카이스트(KAIST)에서 석사 과정을 전공하였다. 1992년 김범수와 나란히 삼성 SDS에 입사하면서 두 사람이 본격적인 인연을 맺었다. 김범수와 NHN을 만들고 공동 대표를 맡았다가 독립하여 2013년 네이버를 만들었다. 〈포춘, Fortune〉지는 아시아에서 가장 주목받는 기업인 25인으로 선정하였고, 세계경제포럼(WEF)는 차세대 지도자 가운데 한 명으로 꼽았다.

제2장

카카오 이사회 김범수 의장

카카오 이사회 김범수 의장

자신감을 가져라

"자신감은 절대 중요하다. 자신감 없으면 어떤 일도 할 수 없다."

김범수 카카오 이사회 의장이 늘 강조하는 말이다. 한게임을 창업하여 지금의 엔터테인먼트 NHN을 일으킨 대한민국 기업인이다. 현재는 카카오 이사회 의장을 맡고 있다.

한게임은 엔터테인먼트에서 운영하는 온라인 게임 웹사이트로, 1999년 12월에 첫 서비스를 시작했으며, 다음 해부터 일본에서 서비스를 진행하였다. 2006년부터는 미국에서도 이지(ijji)라는 이름으로 서비스를 펼치고 있다. 지금 엔터테인먼트는 미국과 일본 등지에서 이름을 떨치고 있는 대한민국의 온라인 게임 서비스 회사이다. 2003년에는 인터넷 기업 NHN의 게임 사업 부문을 분할하여 별도로 운영하고 있다.

한게임은 1999년 12월 1일 (주)한게임커뮤니케이션으로 성장하고, 다시 2000년 7월 검색 포털 네이버컴(주)와 합병하면서 새로운 발전을 향한 토대를 마련하였다. 그 뒤 2013년 3월 게임과 포털 각 사업 부문의 전문성을 더 높이고 핵심 경쟁력을 강화하기 위하여 분할하기로 결정한 뒤 같은 해 6월 주주총회에서 분할 승인을 받아 회사를 분리하였다.

그는 서울대학교에서 산업공학을 전공하고, 서울대학교 대학원에서 산업공학 석사과정을 마쳤다. 그리고 삼성 SDS에 들어갔다. 삼성 SDS 동기인 이해진과 같은 부서에서 일하면서 두 사람은 더욱 가까워졌다. 이해진은 뒷날 네이버를 창립한 인물이다.

어느 날 김범수가 말했다.

"남의 회사에서 일하는 것보다 내 회사를 만들고 싶다!"

"절대 동감이다!"

이해진도 생각이 같았다. 하지만 두 사람이 생각은 같았으나 미래를 향한 비전의 뜻은 달랐다. 두 사람은 남들이 부러워하는 삼성 SDS에 사표를 내고 나왔다. 그러나 주변의 동료들은 그들이 세상을 깜짝 놀라게 할 엄청난 일을 추진한다는 사실을 두 사람 이외에는 아무도 몰랐다. 이렇게 하여 김범수는 한게임을 만들었다.

그 뒤 2000년 삼성 SDS 동기인 이해진의 네이버와 합병하고, 엔터테인먼트 NHN 공동 대표를 맡았다. 그리고 2004년 NHN 단독 대표를 거친 이후 해외 사업을 총괄하는 대표가 된 것이다. 2007년 8월 대표직을 그만두고 가족들과 3년을 보내면서 조용히 새로운 사업 구상에 들어갔다. 그렇게 하여 탄생한 사업이 카카오톡이다. 카카오톡은 날개를 달고 하늘 높이 솟아오르며 글로벌 사업으로 확장되어 성공 신화를 만들어냈다.

온라인 게임 (online game)

온라인 게임은 각종 네트워크로 하는 멀티 게임이며, 컴퓨터, 휴대전화, 휴대용 게임기 등 다양한 기기에서 각자 독특한 장르의 온라인 게임을 지원해 준다. 실시간 전략 시뮬레이션의 경우 온라인과 싱글이 모두 지원되는 새로운 복합 게임이다.

글로벌 사업으로 확산

카카오는 소셜 네트워크 서비스 업체이다. 국내 9개 신용카드사와 손을 맞잡고 전자 결제 서비스를 하고 있다. 네이버와 합병하면서 전자 결제 서비스 시장에 진출한 것이다. 이는 한마디로 표현하면 간편 결제는 30만 원 이상의 물건을 구매할 때도 공인인증서가 필요하지 않아 결제 절차가 훨씬 간편해지기 때문에 시장 유통이 그만큼 간편하게 진행되게 된다. 공인인증서 없이도 물건을 구매할 수 있다는 장점이 있다. 이는 곧 정부가 추진하고 있는 전자상거래 결제에 간편화 서비스 도입에도 크게 이바지 하고 있다.

카카오와 다음(DAUM)의 합병은 새로운 사업에 속도를 내기 위한 새로운 과정의 준비였다. 합병을 통하여 인터넷 기업과 모바일 기업 간 서로의 단점을 보완하고, 거대한 포털 네이버와의 대항력을 갖추는 출발점이 될 것이라고 전문가들은 말하고 있다. 업계의 분석은 카카오가 다음의 합병 형식에 대하여 다음이 카카오를 인수하는 형식이지만, 최대 주주는 카카오의 김범수 의장이 맡는다는 점이었다.

이런 분석은 금융감독원 공시 자료나, 우리투자증권 분석에 따르면 김범수 카카오 이사회 의장은 합병 이후 합병 법인 지분 39.8%를 확보해 최대 주주가 된다고 본 것이다. 일단 카카오의 경우 모바일 시장의 장악력에서 다른 모바일 업체보다 우위에 있다는 평가였다. 전자 결제 시장에 진출하는 것도 모바일 시장의 장악력을 더욱 공고하게 다지기 위해서였다.

김범수는 카카오가 다음에 합병한 뒤에 카카오가 갖고 있는 모바일 장악을 바탕으로 시너지 효과를 극대화하기 위해 합병을 추진하였다. 네이버와 맞서기 위해서는 무엇보다 검색 경쟁력을 키워야한다는 게 김범수의 사업적 분석이자 판단이었다.

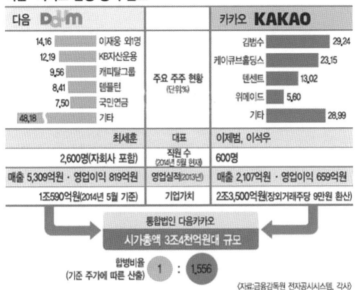

다음-카카오 합병 공식 발표

다음 Daum		카카오 KAKAO
14.16 이재웅 외1명		김범수 29.24
12.19 KB자산운용	주요 주주 현황	케이큐브홀딩스 23.15
9.56 캐피탈그룹	(단위:%)	텐센트 13.02
8.41 템플턴		위메이드 5.60
7.50 국민연금		기타 28.99
48.18 기타		
최세훈	대표	이제범, 이석우
2,600명(자회사 포함)	직원 수 (2014년 5월 현재)	600명
매출 5,309억원 · 영업이익 819억원	영업실적(2013년)	매출 2,107억원 · 영업이익 659억원
1조590억원(2014년 5월 기준)	기업가치	2조3,500억원(장외거래주당 9만원 환산)

통합법인 다음카카오
시가총액 3조4천억원대 규모

합병비율
(기준 주가에 따른 산출) 1 : 1,556

〈자료:금융감독원 전자공시시스템, 각사〉

다음과 카카오의 합병으로 다음카카오의 가입자는 3조 4천억 원대의 규모로 크게 늘었다.

업계에서는 김범수가 다음과 합병을 결정한 것에 대해 카카오톡의 해외 시장 진출을 염두에 두고 있다고 보았다. 사실상 카카오가 다음을 통해 코스닥 시장에 우회 상장하는 셈이기 때문이다. 다음과 카카오가 합병하면 김범수는 최대 주주가 된다. 우회 상장을 통해 카카오톡 해외 시장 진출을 위한 자금과 인지도 높이기라는 두 마리 토끼를 잡겠다는 뜻이었다.

실제로 '라인'은 전 세계 가입자 수 4억 명을 돌파하여 해외 시장에서 카카오톡보다 우위를 차지하고 있었다. 카카오톡은 국내 모바일 메신저 시장에서는 흔들림 없는 1위이지만, 라인보다 한참 모자란 1억 3,000만 명의 가입자 수를 보유하고 있었다. 시가 총액도 큰 차이를 보이고 있다. 다음과 카카오의 시가 총액은 약 3조 원으로 네이버의 시가 총액인 약 25조 원과 8배 정도 차이가 난다.

하지만 업계에서는 병합 행보에 큰 관심을 보이고 있다. 전통의 포털 업체 다음과 모바일의 선두 주자 카카오가 합병한 만큼 그 시너지가 남다를 것으로 전망되기 때문이다. 다음은 이와 관련해 이미지 검색 서비스의 사용자 환경 등을 개선하고, 쇼핑 검색도 데이터 분석을 통해 정확도를 더욱 높이려고 한다. 이와 함께 서비스도 대폭 개선했다. 김범수 의장의 특명이 네이버와의 전세 역전의 계기가 될 수 있을지 주목하는 사람들이 많다.

합병 뒤에 조직 개편이 어떻게 될지도 관심거리다. 두 회사는 합병 뒤에 구체적인 조직 개편은 미리 정해진 것은 없지만, 공동 대표 체제가 될 것이라고 밝혀 그의 뜻을 분명히 했다. 이는 다음과 카카오 측에서 각각 한 명씩의 책임자를 둔다는 것이다. 곧 공동 대표제를 밝힌 것이다. 그러나 실질적인 대표는 김범수 의장 체제와 다름 없다는 소문이 먼저 나돌았다. 주주 총회의 합병 승인도 나오기 전에, 앞으로의 경영은 이미 김범수의 뜻대로 될 것이라는 견해가 이미 나온 것으로 전해졌다.

어쨌거나 카카오의 합병 전략은 시장도 함께 커질 것이기 때문에 단기적인 관점이 아닌 오랜 기간 관점으로 보면 성장 동력이 크게 붙을 것이라는 생각과 맞아떨어지고, 그의 의도대로 척척 진행되면서 카카오의 시너지 효과도 높게 치솟았다. 합병 이후 글로벌 사업으로 확산할 수 있다는 김범수의 분석과 판단은 컴퓨터 계산처럼 정확했다.

이런 상황 아래에서 이미 주사위는 던져졌다. 과감한 승부수로 IT 업계를 뒤흔들던 김범수가 이번에도 통이 큰 한 수를 먼저 두었기 때문에 그 결과에 대한 관심이 세상 사람들의 관심거리다.

위대한 결단의 순간

세상의 일은 자기 생각대로 이루어지는 것이 아니고, 또 자신의 선택만으로 인생이 결정되는 것은 더더욱 아니다.

예를 들어, 갓 태어난 아기는 엄마의 뜻에 따를 수밖에 없다. 우선 먹는 것부터 그렇다. 모유를 먹일 것인지 분유를 먹일 것인지를 엄마가 결정한다. 아기는 그 결정에 따르게 된다. 부모가 아기의 인생에 영향을 미치는 선택은 여기서 그치는 것이 아니라 엄청나게 많고 다양하다. 부모가 어느 나라에 가서 아이를 낳느냐에 따라 아기의 국적이 달라진다. 그래서 원정 출산이라는 말까지 생겼다. 이는 오늘날 지구촌의 풍속이기도 하다.

어린 아기가 만 6세가 될 때까지, 부모가 충분한 애정과 관심을 갖고 양육하는가에 따라 아기의 정서 발달에 큰 차이가 있다는 것은 심리학자들이 이미 여러 차례 누누이 강조한 사항이다. 음악가가 될 것인가? 스포츠 선수가 될 것인가? 하는 것도 마찬가지다.

한국이 낳은 세계적 피아노 지휘자 정명훈 3남매 트리오나 피겨 여왕 김연아도 그의 어머니가 만들어준 운명의 길을 걸으면서 부단한 노력으로 성공한 인생이다. 이처럼 본인의 선택보다는 부모나 주변 사람의 영향을 받게 된다. 결국 사람의 인생은 본인과 다른 사람의 선택이 만들어 낸 작품이다.

그렇다면 김범수는 어떤 길을 걸었을까? 그는 1966년에 2남 3녀 가운데 맏아들로 태어났다. 산업공학을 전공한 뒤 젊은 공학도들이 부러워하는 삼성 SDS에 들어가 PC 통신 유니텔 개발에 적극 참여하여 부지런히 일했다. 그러나 자신의 뜻을 펴기 위하여 1988년 삼성 SDS에 사표를 내고 나와, 온라인 게임 업체인 한게임을 창업하여 사업을 발전시키면서 승승장구 놀라운 발전을 거듭하였다.

2000년에는 서울대 공대 86학번 동기이자 삼성 SDS 입사 동기인 이해진과 함께 한게임과 네이버를 합병하여 엔터테인먼트 NHN을 설립했다. NHN의 CEO를 거쳐 미국법인 대표를 지내다가 퇴사 후

벤처 기업을 키우는 지주회사를 설립해 카카오톡을 탄생시키고, 또 다른 새로운 벤처 기업들을 키워 내는데 놀라운 능력을 보여 주고 있다.

위대한 결단의 순간이 IT 사업을 성공으로 이끌고 발전의 기틀을 더욱 굳게 다지는 계기가 된 것이다. 이렇게 하여 김범수는 한게임을 만들었다.

준비된 사람이 기회를 잡는다

이러한 결단에 대해 그는 마음속으로 생각하고 또 자신에게 물어보았다.

"결단은 그냥 어느 한순간에 우연히 만들어지는 것인가?"

그렇지 않다고 스스로 분석했다. PC 통신에 대한 그의 확신은 너무나 뿌리가 깊고 튼튼한 것이었다. 그는 대학원 논문을 PC 통신에 대해 썼을 정도로 평소 이 분야에 관심을 갖고 있었다. IT 창업의 기반인 지식과 경험을 쌓기 위한 싹은 이미 대학을 졸업하기 전에, 또 직장을 선택하고 입사하기 전부터 싹이 트고 시작된 셈이다.

다른 사람들보다 빠르고 정확하게 변화의 좌표를 설정하고 하나하나 다져 나갔다. 그렇게 할 수 있었던 것은 어느 한순간에 발휘된 능력이 아니라, 흥미를 느낀 분야에 지속적으로 관심을 가지고 지켜보면서 그에 따른 지식을 넓히고 미래를 내다보는 눈을 밝히고 분석하는 지혜를 키우는 과정에서 만들어지는 능력이라고 믿었다.

그야말로 철저하게 준비하고 한마디로 철저한 준비 끝에 갖춰진 능력인 셈이다.

IT 엘리트에서 게임방 주인까지, 철저하게 준비하지 않으면 실패할 수밖에 없다. 좋은 직장, 삼성 SDS에서 잘 나가다가 나와서 한게임을 창업했으나 뜻대로 운이 따라주지 않았다. IMF 외환 위기가 터진 뒤라 시기적으로 좋지 않은 탓에 쫄딱 망해 버렸다. 실패에서도 배울 것을 찾아내고, 다시 일어날 수 있는 결단의 기회에서 응용하는 능력을 키우는데 정성을 다하면서 기회를 놓치지 않는 의지의 승부사 기질을 닦았다.

그때 게임방 사업을 통해 경영 방법을 깨달았다. 고객들이 무엇을 요구하고 어떤 것을 원하는지 알았다. 게임 사업의 운영에서 무엇이 문제인지를 파악하고 해결 방법을 찾아냈다. 한게임과 카카오톡 사업을 성공적으로 이끄는데 남들보다 한발 앞서 미래를 내다보고 준비하는 변화의 눈을 뜬 것이다. 그 변화의 눈을 통해 사업을 성공적으로 이끌어 가는 지식과 경험, 그리고 미래를 관측하고 흐름을 미리 읽는 습관을 기르는 노력부터 차곡차곡 쌓아갔다.

이렇게 부단한 노력과 준비의 과정을 철저하게 거쳤다. 철저한 준비와 부단한 노력은 바로 성공의 바탕이라는 것을 절실히 깨달았다. 성공이 가져다주는 안정에 안주하지 않고, 지속적으로 새로운 목표를 세우고 진행하는 도전 정신을 발휘해 나아갔다.

준비된 사람만이 성공의 기회를 잡는다는 진리를 스스로 터득하고 얻어낸 것이다.

카카오톡 가입자와 이용 건수가 폭발적으로 늘어났다. 2014년 9월에는 가입자 수가 3,720만 명을 넘었다.

스마트폰이 지구촌을 점령

오늘날은 스마트폰이 대세이다. 여기에는 남녀노소를 가릴 것 없다. 스마트폰이 지구촌을 점령하면서 PC보다는 스마트폰 개발자가 더 인기가 많아진 세상이다.

"개발자의 함정에 빠지지 말자!"

김범수는 외쳤다. 그러자 여러 사람이 의문을 제기하였다.

"도대체 무슨 소리인가?"

"개발자들이 함정에 빠지지 말자는데 어떤 상황을 말하는가?"

"무슨 함정일까?"

김범수가 주장한 개발자의 함정은 분명히 있다. 경력이 많은 개발자일수록 새로운 제품을 연구하고 개발할 때 본인의 의사결정에 따라 연구를 하는 경우가 대부분이라는 지적이다.

"연구 개발자의 아이디어가 대부분이다. 소비자의 의향과는 별개이다. 그것은 자기만족을 위한 개발일 뿐이며 소비자를 생각하는 것이 아니다. 이런 경우 보통 개발자들은 스스로 만족할지 몰라도 소비자들의 마음을 얻기란 쉽지 않다. 그것이 개발의 함정이다."

엔터테인먼트 NHN의 공동 창업자이자 한게임 개발자인 김범수 카카오 의장은 이 점을 명확히 인식하고 앱(App)을 개발하는 데 정성을 기울였다. 그렇게 하여 탄생된 것이 바로 우리가 거의 날마다 매시간 사용하고 있는 카카오톡이다.

소비자와의 소통을 통한 카카오톡 개발이 성공을 거두게 된 것도 결코 우연이 아니다. 개발자의 함정에 빠지지 않는 것, 바로 소비자와의 소통을 통한 개발이 성공의 지름길임을 그는 분명하게 보여주었다. 카카오톡 개발 스토리에서 또 한 번 '개발자의 함정에 빠지지 말자'는 내면을 들여다보게 하였다.

"네이버 이해진과 카카오 김범수는 영원한 동반자일까? 아니면 숙명의 라이벌일까?"

"두 사람 가운데 최후에 웃는 사람은 누구일까?"

이런 말들을 하는 사람들이 많다. 두 사람은 서울대 86학번 동기이자, 삼성 SDS에 나란히 입사한 취업 동기생이고, 퇴직하여 창업하여 수조 원대의 거부 신화를 이룩한 젊은 엘리트이다. 다음과 카카오가 합병 사실을 발표한 가운데 숙명의 라이벌 이해진 네이버 의장과 김범수 카카오 의장의 관계가 사회의 이목을 끌어모았다.

김범수는 산업공학을 전공하였고, 이해진은 컴퓨터공학을 전공하였다. 두 사람은 다 서울대 86학번 출신으로, 1990년 졸업 후에 각각 카이스트와 서울대에서 석사 과정을 거쳤다. 그리고 1992년 삼성 SDS에 나란히 입사하면서 본격적인 인연을 맺은 친구 사이다.

그러나 먼저 창업에 나선 사람은 김범수이다. 1998년 삼성 SDS에서 퇴사 후 '한게임'을 만들었다. 이해진은 김범수보다 1년 늦게 1999년에 '네이버'를 설립했다. 2000년 네이버와 한게임이 합병하며 NHN을 설립하는 등 두 사람은 손을 잡았다.

하지만 김범수가 2007년 NHN 대표에서 물러나더니, 2010년 모바일 메신저 카카오톡을 출시하면서, 모바일 업계 '성공 신화'를 새로 쓰기 시작하였다. 이해진도 '라인'을 출시하며 뒤늦게 모바일 시장에 뛰어들었지만, 선발대 격인 카카오톡의 명성을 따라잡기엔 힘이 부족하였다.

IT 업계의 살아 있는 신화

IT 업계에서는 100만 건의 창업이 봇물처럼 터져 나오지만 그 가운데 단 하나 정도가 성공한다고 말한다.그만큼 창업을 쉽게 여기는 것 같지만 성공하기는 낙타가 바늘구멍을 통과하기보다 더 어렵다는 뜻이다. 김범수는 그런 IT 업계에서 한게임, NHN, 카카오톡 등 최고의 기업을 연달아 성공시켰기 때문에 살아 있는 신화라고 말한다. 사실 그런 말을 들을 정도로 많은 일을 해냈다. PC 통신 유니텔의 프로그램 개발부터 기획, 영업까지 모든 것을 주도한 주인공이다.

1993년 당시만 해도 PC 통신은 기업 내부의 네트워크 차원에서 연구되는 수준이었다. 그러나 김범수는 생각이 달랐다. 앞으로 기업은 말할 것도 없고 개인 사용자들에게도 PC 통신은 광범위하게 사용될 것임을 확실하게 전망한 것이다. 1998년 안정된 직장을 미련 없이 버리고 나와 교대역 인근 오피스텔에서 10여 명의 직원을 모아 온라인 게임 회사 한게임을 창업하였다. 하지만 창업의 시기를 잘못 선택한 것이다. IMF 직후라 새롭게 시작한 사업은 빛을 보기도 전에 무너져 버렸다.

꿈을 안고 난생 처음 시작한 사업이 쫄딱 망해 버렸으니 가슴이 무너지는 것 같았다. 그러나 포기하지 않고 다시 주먹을 불끈 쥐었다. 사채 2억 5,000만 원을 마련하여 한양대 앞에 게임방을 차려 돌파구를 마련하였다. 서울대와 삼성 SDS를 거친 엘리트가 '게임방 주인'으로 낙오하였다는 비웃음을 받는 순간이었다.

그렇게 게임방을 운영하면서도 바둑, 포커 등 온라인 게임 개발을 잠시도 멈추지 않았다. 그리하여 한게임을 국민 게임으로 성공시켰다. 게임방에서 번 자금이 초기 NHN의 검색 엔진 개발에 유용하게 쓰이는 원금이 되었다. 검색 엔진 네이버와 게임 업체 한게임을 합병한 NHN의 대표이사를 지내던 그는 스스로 물러났다.

스마트폰의 폭발력을 예감했기 때문에 NHN의 대표이사 자리에 연연할 수가 없었던 것이다. 그는 2009년 아이폰이 국내에 들어오자 확신을 가지고 무료 모바일 메신저 카카오톡을 만들어 성공 가도를 힘차게 달리기 시작하였다.

벤처 철학 '어제를 버려라!'

21세기의 진화하는 아이콘으로 떠오른 김범수. 그를 한마디로 어떻게 표현할까? 이 물음에 대한 대답은 뜻밖에 간단하다.

"과감한 승부사!"

젊은이들이 모두 부러워하는 직장 삼성SDS를 박차고 나와 '한게임'을 창업한 박력 있는 사람, 누가 봐도 명예가 보장된 NHN 대표이사를 버리고 뛰쳐나와 무모한 실패 끝에 카카오톡을 만든 사나이, 참으로 용감무쌍한 사람이다.

그는 10년에 한 번씩 중요한 큰 결정을 내리면서 인생행로를 바꿨다. 이렇게 10년마다 자신의 탄탄한 기득권을 버릴 수 있었던 힘은 무엇일까? 부모님의 '자유방임주의' 교육관 영향이다.

"그저 알아서 하도록 내버려두신 부모님 덕에 어릴 적부터 모든 계획을 스스로 짰다."

그의 말처럼, 어린 시절부터 스스로 목표를 세우고 실천한 덕에 스스로 문제 해결하는 능력을 키울 수 있었다는 것이다. 자신만의 방식으로 계획을 세우고 실천하며 문제를 해결하는 능력을 길렀다.

그런 덕에 남과 다른 관점으로 세상을 바라보는 눈이 열리고 실천할 수 있었다.

그래서 관점을 조금만 달리하면 다른 길이 보이는 수학을 좋아했다. 수학을 좋아해서 공과대학에 들어갔고, PC 통신의 수학적 공식에 관심을 두다가 게임이라는 새로운 세상을 발견하게 되었다. 그는 일을 시작하는 기초 단계부터 매우 단순하다. 서울대 산업공학과 대학원 졸업을 앞두고 정한 취업 기준은 딱 한 가지였다.

"컴퓨터를 원 없이 마음대로 쓸 수 있는 회사에 취직하자!"

그는 한게임을 만들면서도 이 원칙을 지켰다.

"누구나 즐겁고 재밌게 사는 온라인 세상, 모든 세대를 아우르는 온라인 게임 동산을 만들자."

카카오톡에서는 '모든 종류의 소셜과 모바일 활동들이 집결되어 누구든지 자신들의 수익 모델을 만들어 갈 수 있는 플랫폼'을 만드는 것이 절대 기준이었다.

"남에게 물어서 인생의 답을 찾지 마라!"

그가 젊은이들에게 조언하며 강조하는 말이다. 그의 인생관은 독특하고, 가치관도 퍽 단순하고도 구체적이다.

1. 관점의 차이가 인생을 바꾼다.
2. 꿈의 크기가 인생의 크기를 결정한다.
3. 혼자서 할 수 있는 것은 없다. 좋은 팀을 만들어라.
4. 충돌을 두려워 말고 대화에 나서라.
5. 남에게 물어서 인생의 답을 구하지 마라.

김범수는 저서 《어제를 버려라》에서 이렇게 주문하고 있다.

"남에게 물어서 쉽게 답이 튀어나오는 일에는 미래가 없다. 그러므로 깊게 고민하고 단호하게 결정하고 될 때까지 시도하라. 지금부터 10년, 20년이 지나도 변호사, 의사, 판검사가 주목받을까? 남들이 보기에 그럴듯해 보이는 삶을 살려고 하는 것을 경계하라. 너무 악착같이 살지 마라. 자신에게 맞지 않는 것, 자신이 행복하지 않은 것, 남을 행복하게 만들 수도 없는 것을 오로지 남의 눈 때문에 구하기 위해 애를 쓰며 악착같이 살지 마라.

지금은 취업하기 어려운 시대라고들 말한다. 취업이 안 되는 것은 내가 열심히 안 해서 그런 거냐고 생각할 필요가 없다고 한다. 힘들고 어려운 상황일수록 진정 자신이 좋아하는 것, 잘하는 것에서 길을 찾아야 한다."

그는 이 책에서 핵심 키워드를 제시하였다. 한 사람의 일생에는 세상의 모든 이야기가 담겨 있다. PC 통신으로 돈을 버는 것보다 이 새로운 세상 다음에 어떤 세상이 열릴지가 더 궁금하다. 그는 기획과 개발 영역의 능력을 갖춰야 한다고 생각했다. 독학으로 프로그래밍을 배웠다. 이때의 결정은 훗날 기업가로 성장하고 아이디어를 계속 낼 수 있게 하는 기초이자 든든한 밑거름이 되었다.

삼성 SDS PC 통신 사업 진출 TFT 팀원으로 3년간 일하면서 프로그램 개발부터 기획, 설계, 정보기획, 유통에 이르는 모든 과정을 익혔다.

PC는 무조건 쉬워야 한다

"컴퓨터는 무조건 쉬워야 한다."

그가 컴퓨터 일을 하면서 떠올린 생각이다. 세 살짜리 아이도 직감적으로 쓸 수 있을 만큼 쉽게 만들자는 것이 그의 원칙이었다. PC 통신 유니텔에 대한 아이디어도 그랬다.

"온라인에서 남녀노소 가릴 것 없이 다양한 계층의 사람들이 재밌게 즐기는 놀이동산을 만들면 어떨까?"

그의 생각은 온통 컴퓨터 세상을 즐겁고도 재미있는 놀이터로 만드는 것에 몰두해 있었다. PC 게임이 중독성과 도박성 취급을 받았으나 그는 게임을 다른 눈으로 봤다. 인터넷을 이용해 어느 누구라도 게임을 건전하게 즐길 수 있도록 한다면 독창적인 사업 아이템이 될 수 있겠다는 것이었다.

누구나 즐겁고 재미있게 사는 온라인 세상, 모든 세대를 아우르는 온라인 게임 동산을 만들어야 한다는 생각은 PC방 사업 무대를 근본적으로 바꾸면서 대성공을 거두었다. 오프라인에서 이미 대중적 인기가 검증된 가벼운 게임을 온라인으로 제공하는 것이었다. 바둑, 장기부터 새롭게 개발했다. 1999년 12월 한게임 서비스를 시작했다. 전국 PC방에 관리 프로그램을 무료로 깔아주는 대신 한게임의 아이콘을 컴퓨터 초기화면에 띄우는 조건을 내세웠다.

네이버를 만든 3명의 캐릭터도 독특하다.

> 김범수는 감성적이고 도전적이다.
> 이해진은 전략적이고 집중력 있는 사람이다.
> 김정호는 털털한 성격에, 말도 잘하고 추진력도 강하다.

이는 김범수가 과감한 승부사요 모험가라면 이해진은 꼼꼼한 전략가라는 의미이다. 인터넷 서비스 유료화에 대한 생각도 무척 계산적이다. 공짜인 서비스가 돈을 받아서 망하는 게 아니라 돈을 받는 만큼 값어치를 못해서 망하는 거다. 돈을 쓰더라도 그 서비스를 이용하고 싶다는 생각을 하게 만들면 사람들은 자신도 모르게 돈을 쓰게 될 것이라는 생각이다.

NHN 전략위원회는 집단적으로 토론하고 그 자리에서 결정을 내리는 것으로 운영하였다. 이를 한게임 시절부터 적용했고, NHN에서도 적용했다. 그는 대화를 무척 중요하게 여겼다. 그러면서도 그에 못지않게 충돌도 중요하게 생각하였다. 충돌 없는 조직은 죽은 조직이라는 것이 그의 생각이다. 충돌한다는 것은 조직이 굳어 있지 않고 살아 있으며 자유로운 의사 표현이 가능한 조직이라는 의미다.

벤처 기업인 100명을 키우겠다는 계획은 자신이 했던 고생을 후배들은 좀 덜 했으면 좋겠다는 생각에서 나왔다. 견실(堅實)한 벤처인 100명이 있으면 그 자체로 한국의 성장 동력이 되고, 거기서 새로운 시대 비전이 나올 것이라는 확신이다.

NHN을 떠날 때 지인들에게 가슴에 있는 말을 하였다.

"배는 항구에 정박해 있을 때 가장 안전하다. 하지만 그것이 배의 존재 이유는 아니다. NHN이 100년을 영속할 기반을 갖췄다고 보고 또 다른 100년 기업을 만들기 위해 NHN을 나왔다."

그는 자신의 내면으로 깊이 들어가라고 강조한다. 자신이 무엇을 좋아하고 어떤 일을 제일 잘할 수 있는지를 알려면 내면에 깊이 빠져야 하고 자신을 사랑해야 한다. 자신에 대해 많은 생각을 하고 자기 자신에 대해 전문가가 돼야 한다. 그래야 꿈을 꿀 수 있고 다른 사람을 설득할 수 있다. 관점의 차이가 결국 인생을 바꾸고 수많은 결정을 바꾼다는 것을 알게 된 이후로 생각의 중요성을 깨달았다.

컴퓨터 약사(略史)

21세기 문명의 최대 이기(利器)로 꼽히는 컴퓨터(Computer)는 1812년 영국의 수학자 C. 배비지가 계산을 자동적으로 하는 기계를 처음 만들어 낸 것이 그 시초이다.

그 뒤 1823년에 삼각함수표를 유효숫자 5자리까지 계산하여 출력하는 '디퍼런스 엔진' 차분기를 개발했다. 1941년 독일의 K. 추제가 계전기식 계산기 제트-스리Z-III로 발전시키고, 1944년 미국 하버드대학의 H. 에이킨이 IBM 회사와 협력하여 전자기계식 계산기 마크 원(MARK-I)을 개발했다.

계산기에서 컴퓨터로의 전환 과정은 1945년 헝가리 출신 미국 과학자 J. 노이만이 기억 장치에 컴퓨터의 명령이나 데이터를 모두 저장하는 내장 방식으로 발전시키고, 1949년 영국 케임브리지대학에서 내장 방식을 보완하여 세계 최초로 내부 기억 장치가 있는 에드삭(EDSAC)

을 만들었다. 1951년 미국에서 유니박-원(UNIVAC-Ⅰ)을 개발하여 상업용 컴퓨터 시대를 열었다. 그 뒤 제1세대 → 제2세대 → 제3세대 → 제4세대 → 제5세대 등으로 발전되어 오늘에 이르렀다.

컴퓨터는 프로그램으로 데이터를 입력, 저장, 검색하여 결과를 출력하는 전자 장치를 말한다. 전자회로를 이용하여 수치 계산이나 논리연산을 하므로 전자계산기라고도 한다. 그 응용은 단순한 계산에 국한하지 않고 대량 데이터의 관리, 검색, 문자 인쇄 등에도 활용된다.

매우 흥미롭고 특별한 일상

김범수의 하루 일정을 보면 무척 흥미롭고 특별하다. 오전 5시 30분 기상, 1시간 산책하면서 생각, 30분간 샤워하면서 생각과 사색 계획과 결단하는데 쏟는다. 아침 시간 90분이 하루의 일과 중 가장 중요하다. 7시부터 30분간 신문 읽기, 7시 30분에서 1시간은 책 읽기, 그래서 아침 3시간은 생각과 독서로 바쁘다.

승부사의 결단력이 있고 추진력이 강한 CEO, 무척 차분하고 단호하면서도 아이디어가 풍부하고 인화력도 뛰어나다. 하지만 세상을 깜짝 놀라게 할 엄청난 아이디어는 없었다. 다만, 깜짝 아이디어보다 똑같은 현상을 조금 다르게 보는 것으로 새로운 것을 찾으려고 한다. 그의 습관은 어떨까? 상대의 이야기를 들을 때 그것을 머릿속에 이미지로 떠올리는 버릇이 강하다.

지금 행복할 수 없다면 영원히 행복할 수 없다. 사람을 움직이는 것은 꿈, 가치관, 성취감이다. 남들이 모르는 엄청난 것을 만들려고 하기보다는 이미 사람들이 간절히 바라고 있는 것 중에서 세상이 바라고 있는 것이 무엇인지 찾으려고 한다.

검색보다 사색이다
[중앙일보] 입력 2013.01.21 00:59 / 수정 2013.01.21 01:36

매일 아침 특별한 1시간, 책 읽는 김범수 카톡 의장
휴마트 사회로 가자 ④

인터넷 세상, 아이들이 책을 안 읽는다. 검색이나 소셜 네트워크서비스(SNS)에 더 몰두한다. 문화체육관광부에 따르면 2011년 한국 학생(초 4~고3)의 독서율은 83.8%다. 1년에 한 권이라도 책을 읽는 비율이 그렇다는 거다. 2년 연속 떨어졌다. 2009년엔 93.7%, 2010년엔 92.3%였다. 20여 년간 독서교육 지도를 해온 서울 소의초등학교 심영면(49) 교장은 "인터넷과 스마트폰에 일찍 노출되는 아이일수록 책 읽기를 어려워한다"고 우려했다.

김범수(47) ㈜카카오 이사회의장. '1세대 IT 벤처 창업가' 성공 신화의 주인공으로 불린다. 검색포털 네이버를 운영하는 NHN의 공동대표였고, '국민 모바일 메신저' 카카오톡의 창업자다. 책을 멀리하게 하는 검색과 SNS 환경을 만든 주역 중 한 명으로 지목된다. 그러나 정작 그는 '검색보다 독서'를 강조하는 책 예찬론

김범수 카카오 이사회의장이 16일 경기도 성남시 사무실에서 즐겨 읽었던 책들에 기댄 채 웃고 있다. [강정현 기자]

자다. 그의 성공 비결도 '독서'에서 찾는다.

출처: 중앙일보

사람들이 원래 갖고 있던 욕구 가운데 해결되지 않은 것이 있는지를 우선 살펴본다. 인터넷 시대에는 검색이 중요했다면 모바일 시대에는 커뮤니케이션이 가장 핵심적인 가치를 창출하는 서비스가 될 것이라고 예상했다.

조금 다른 관점에서 바라보고 어떻게 해야 할까? 다르게 보기와 분명하게 결정하기가 그의 비결이다. 카톡은 단순하고 쓰기 편하게 만들었다. 밝고 깔끔한 노란색과 검정색의 조합은 카톡을 프리

미엄 제품으로 끌어올렸다.

"성공의 비결은 무엇인가?"

이런 질문을 받을 때마다 '관점의 차이'를 강조한다. 같은 것을 보고 같은 놀이를 해도 남과 다르게 생각하는 것, 바로 여기에 성공의 답이 있다는 것이다. 천재라기보다는 관점의 차이가 철저하게 몸에 배어 있는 사람이다.

그의 리더십 기준도 평범한 가운데 특이하다.

1. 무조건 들을 것
2. 문제를 제대로 파악할 것
3. 리더는 결정을 내리는 자리라는 것

그렇다면 김범수가 생각하는 카톡 세상은 어떨까? 모든 가능한 종류의 소셜과 모바일 활동들이 집결되면서도 어디서도 배타적이지 않고, 남녀노소 누구에게도 진입 장벽이 없어야 하며, 자신들의 수익 모델을 만들어 갈 수 있는 플랫폼이 되어야 한다.

모바일에서는 단순하면서도 핵심적인 기능만 있으면 소통과 공감의 행복한 공간 인터넷이 된다고 믿고 있다. 그래서 그의 고민은 인류를 좀 더 윤택하게 만들 수 있는 서비스와 제품을 내놓자는 것이다. 이런 사업이라면 돈은 저절로 따라온다는 것이 그의 생각이다.

한게임을 만들 때도 내가 잘하는 게임과 잡기, 이런 걸 온라인으로 옮기면 좋겠다는 생각을 한다. 그래서 한게임은 게임을 하며 밤

새워 놀았던 자신의 경험을 떠올려 온라인 세상에 그 놀이를 옮겨 놓은 결과물이다. 남들의 기준이 아닌 자신이 좋아하고 잘하는 것을 계속 고민하고 그것에 집중하는 것, 그리고 벽에 가로막혔을 때 관점을 바꿔서 다른 길을 찾으며 극복해 나간다는 것, 그런 것들이 바로 한게임의 소재들이다.

"무턱대고 스스로 다그치면 힘들어진다. 문제가 있다고 생각하면 답을 찾기보다 그 문제가 뭔지 정확히 파악하는 것이 훨씬 중요하다. 그게 바로 관점을 바꿔보려는 출발이다. 문제를 정확히 파악하면 새로운 각도에서 해결책을 찾을 수 있다. 남들이 하라는 대로 악착같이 살지 말자."

그렇다면 김범수 의장은 "어떤 사람인가?"

"그냥 사회적으로 돈을 많이 벌면 성공이라는 막연한 생각으로 거기에 청춘과 열정 다 바쳐 왔다. 막상 그 자리에 오르고 보니 무언가 부족한 느낌이다. 뭔가 완성되지 않은 그런 느낌이 든다. 뭔가 잘못됐다는 것을 깨달았다. 그래서 내 인생 한가운데서 잡고 있었던 키를 놓아 버렸다. 어디로 가야 할지를 완전히 잃어버린 거다. 한 발자국도 움직일 수 없는 상황에서 멈춘 셈이다."

김범수 의장, 한게임을 창업하고 NHN의 공동 대표를 역임하면서 이해진 의장과 함께 네이버를 국내 포털 1위로 올리고 또 파격적인 퇴사를 선언한 사람, 이후 카카오를 창업하여 국민 메신저 카카오톡과 그 밖에도 수많은 서비스를 출범시켜 성공을 계속한 사람, 지금 그는 또 어떤 큰일을 내려고 하는지 아무도 모른다.

그의 어린 시절은 매우 가난했다.

"1에서부터 100까지를 더한 합이 얼마일까?"

어렸을 적 친구의 집에서 백과사전을 보다가 이 문제를 보았다. 19세기 독일의 수학자 가우스가 내놓은 문제였다. 이 문제에 대한 이야기를 읽고 너무나 인상 깊어서 지금까지도 기억하고 있다. 이것을 계기로 문제 해결 방식이 하나가 아니라는 사실을 깨우쳤다. 그래서 수학에 흥미를 느끼게 되었고 산업공학과 과정을 선택한 것이다.

대학을 졸업하고 삼성 SDS에 입사하였다. 하지만 대기업에 들어간 그는 유능한 동료들 사이에서 개발 능력 부족으로 괴로워했다. 이때 그는 단순한 노력으로는 앞서 가기는커녕 따라잡기는 힘들 것으로 판단하였다.

"차라리 남들이 못하는 걸 해보자!"

그때 그가 본 미래는 C++와 윈도우 프로그래밍이었다. 처음에는 모두가 의아해 했지만 6개월 후 회사의 핵심 프로젝트가 모두 윈도우 기반으로 바뀌며 그가 옳았다는 것이 증명되었다. 이후 그는 국내 최초의 윈도우 환경 PC 통신인 유니텔 프로젝트에 참여하게 되고, 그 성과로 김범수는 고속 승진을 하게 되었다.

하지만 승승장구하던 그는 안주하지 않았다. 인터넷이라는 새로운 흐름을 감지하고 삼성 SDS에서 돌연 사표를 냈다. 과거 유니텔의 O/X 퀴즈 이벤트에 7만여 명이 참가했던 것을 떠올리며 웹으로 게임을 즐기는 서비스를 제공하는 '한게임'을 창업하였다.

그러나 당시는 1998년, IMF로 인해 경제적으로 모두가 어려웠던 때였고, 그 역시 자금난에 빠졌다. 그러나 행운의 여신이 그를 도왔다. 궁여지책으로 자금난을 해결하자며 한양대 앞에 국내 최대 규모의 대형 PC방을 차렸는데, 이것이 활화산처럼 불꽃을 일으키면서 성공 가도로 들어섰다. 그는 낮에 PC방을 운영하고 밤에는 PC방을 아내에게 맡기고 한쪽 구석에서 한게임 서비스를 개발하는 데 매달렸다. PC방을 지키던 아내가 스타크래프트를 배우면서 개발의 동반자를 얻은 셈이다. 아내와 더불어 PC방 관리 프로그램인 '미션데스크'를 만들어냈다.

"지금 생각하면 PC방 관리 프로그램을 만든 것은 정말 놀라운 일이다. 그보다도 더 놀라운 사실은 어떻게 사용했느냐 하는 것이다."

그는 관리 프로그램을 단순히 다른 PC방에 팔기도 했지만, 무료로 깔아주며 한게임을 PC방 컴퓨터 초기화면으로 설정하는 조건을 내걸었다. PC방과 미션데스크 모두 잘 나갔지만, 한게임을 놓지는 않았다. 이것이 어느 정도 성과를 내자 삼성 SDS 동기인 네이버컴의 이해진 대표와 공동 마케팅을 하기 시작했다. 두 사람이 손잡고 마케팅을 전개하면서 한게임은 날개를 단 듯이 널리 알려졌다.

출범 3개월 만에 100만 회원을 확보하고, 1년 반 만에 1,000만 회원으로 이어지면서 한마디로 꿈같은 대박이 터졌다.

김범수는 한게임의 트래픽 초과로 인해 자금과 인력이 필요했다. 이해진의 네이버는 100억 원대의 투자를 받는 데 성공했으나 회원 수 확보와 트래픽을 필요로 했다. 이런 상황에서 두 사람의 이해관계가 맞아떨어지자 2000년 2월 말, 김범수와 이해진은 한게임과 네이버의

합병 문제를 놓고 강남역 인근
한 음식점에서 협상에 들어갔다.

이로써 합병 법인 엔터테인먼
트 NHN이 탄생하게 된 것이다.

이후에도 그들은 PC방에 관
리 프로그램을 설치해 주며 바
탕 화면에 한게임 바로가기 링크를 두고 인터넷 브라우저의 첫 페
이지를 네이버로 설정하는 등 PC방 마케팅을 적극적으로 활용하였
다. 그런 뒤 NHN은 2001년 3월 한게임의 유료화를 단행하고, 6월
에는 검색광고 유료화를 진행하며 승승장구했다. 마침내 각종 포
털 서비스들을 제치고 국내 포털 1위로 올라섰다.

실패한 뒤 새로운 시작

치솟는 인기와 함께 세월도 빠르게 흘러갔다. NHN의 공동대표
를 맡은 지도 어느새 5년이 지났다. 2007년 초 갑자기 NHN 미국법
인 대표로 발령이 났다. 그러나 8개월 만에 사표를 내고 지분을 정
리하였다. 그가 NHN 대표를 사임하고 그만둔 것에 대해서는 세력
다툼에서 밀렸다는 등 여러 말이 나돌았다. 하지만 그는 성장보다
는 안정을 지키려는 회사의 방침에 불만이 생겼고, 현상 유지의 경
영 방침은 결국 회사의 성장을 가로막는 것이라며 답답하게 생각
한 것이었다.

"성장 없는 회사는 발전할 수 없다!"

현재의 안정을 그대로 지켜 가자는 NHN 경영 방침을 거부하고 대표직을 버린 것이다. NHN 대표 자리를 미련 없이 버린 그가 한 일은 1년간 휴식에 들어간 것이었다. 그때 중학생이던 아이들도 휴학시키고 온가족이 세계여행을 떠났다. 세계여행 중에 가족들과 함께 게임을 즐겼다. 이 기간에 최고의 기억은 가족들과 함께 디아블로를 깬 것이라고 기뻐했다. 가족이 함께 모여 디아블로를 무찌른 것은 대한민국에서 자기 가족밖에 없을 것이라고 자부하였다.

"PC는 정보기기이고, 스마트폰은 통신기기이다. 따라서 PC는 정보검색의 시장이 가장 크고, 스마트폰은 커뮤니케이션 시장이 가장 크다."

그의 생각은 분명하고 정확했다. 사실 NHN USA에 가기 전에 그는 아이위랩을 창업했지만, 본격적으로 경영에 돌입한 것은 NHN을 떠난 뒤부터다. 하지만 시장의 흐름은 그의 생각과 일치하지는 않았다. 아이위랩의 첫 번째 프로젝트로 웹 2.0 블로그인 '부루닷컴'을 미국에서 선보였다. 그러나 마케팅에 실패한 뒤 곧바로 한국에서 네이버 지식인의 업그레이드판인 '위지아'를 오픈하였다. 이것도 역시 실패하면서 사업의 방향을 바꾸었다.

당시 아이폰의 출시를 보며 웹에서 더는 승산이 없다고 판단하고 모바일로 시선을 돌린 것이다.

미국에서 실패한 뒤 다시 국내로 돌아와 2009년 스마트폰 위젯을 개발하던 '바이콘'을 인수하고 모바일 개발자를 모집하였다. 4월에는 애플리케이션 개발에 대한 공부를 새로 시작했다. 그렇게 치밀하게 준비하면서 진행한 뒤 2010년 2월 폐쇄형 SNS인 '카카오 아지트'를 내놓았고, 3월에는 '카카오톡'을 출시했다.

그리고 이어서 마이크로 블로그 '카카오수다'를 출시했다. 이 모든 서비스에 '커뮤니케이션'이라는 키워드를 달아 놓았다. 이후 카카오는 카카오톡에 집중하여 6월에는 글로벌 서비스를 시작하였으며, 8월에는 안드로이드 버전을 선보였다. 그렇게 카카오는 놀라운 속도로 빠르게 성장해 나갔다.

2014년 초에는 카카오에 사용자 정체가 일어나면서 위기론이 불거졌다. 반면 네이버 '라인'은 아시아권에서 크게 성장하며 빠르게 점유율을 늘렸다. 이때 다음카카오를 출범하며 과거 자신의 기업이었던 네이버에 승부수를 던졌다. 과감한 모험을 선택해 왔던 그가 이번에는 또 다른 도전 의식으로 새 모습을 보여주면서 활기찬 전진을 계속하고 있다.

현재 사회는 초고속으로 진화하고 있어 그 변화의 물결이 너무나 빠르다. 1년 전이 먼 옛날의 과거처럼 사라져 버리는 느낌이다. 이런 진화의 물결 속에 다가오는 미래 사회의 플랫폼은 어떤 모습일까? 그러나 미래를 예측할 수 있는 사람은 거의 없다. 오늘을 살아가는 사람들에게는 미래의 플랫폼이 무척 궁금하다.

게임의 세계도 초고속 변화의 물결에서 벗어날 수는 없다. 그 흐름을 선도하여야 이용자들로부터 환영을 받게 된다는 것이 틀림없는 사회적 요구이다. 그런 변화의 빠른 물결을 선도하면서 강력한 비즈니스 플랫폼으로 글로벌 게임 세상을 진화시켜야 한다는 데서 새로운 고민이 있다.

초고속 진화의 괴력은 엄청난 속도로 혁신을 불러온다. 그런 현실은 가상의 세계가 아니라 실제 상황의 이야기로 게임 산업 시장을 위협하고 있다. 새로운 마케팅 플랫폼을 찾는 마케터들은 물론 변화에 창조적으로 대처하려는 모든 젊은이에게 신선한 자극과 충격, 그리고 도전 의식의 불길을 댕겨준 것만은 확실하다.

소셜 네트워킹 웹은 우리들의 일상생활은 물론 기업의 비즈니스 방식에까지 혁명적인 변화를 안겨주었다. 게임 산업도 예외일 수는 없다. 그 중심에는 재미있는 내용, 건전한 이야기, 박진감이 넘치는 스토리를 요구하고 있다. 더욱 특별한 이유는 일반 상식의 틀을 깨는 데 있다. 혁신적 사고를 행동과 메시지를 통해 이용자들에게 알려주고 이해하도록 돕는 스토리텔링을 개발하는 것이 미래의 플랫폼으로 이어주는 열쇠가 되고 있다.

게임을 즐기는 많은 사람은 일상생활에서 무엇인가 획기적인 변화가 일어나기를 바란다. 어떤 일을 생각할 때 무척 빠르고도 정확하고 대담하게 실행하기를 원하지만, 실제로 그런 일은 불가능하다. 그런 일반의 욕구를 들어주고 충족하는 게임 프로그램을 만드는 일은 기발한 상상력과 놀라운 아이디어, 그리고 날카로운 사고력과 식지 않는 열정이 필요하다. 그가 강조하는 말 가운데 한마디는 평범하면서도 사실적이다.

"일의 속도감을 즐기면, 미래가 보인다!"

그는 확실히 괴짜 천재이다. 기발한 IT 산업을 창업하고 무서운 속도로 달려 17조 5,600억 원의 갑부로 떠올랐기 때문이다.

그는 오늘도 새로운 착상으로 게임 프로젝트를 구상하고 있다. 그에게는 천재성이 늘 번쩍거린다. 그런 천재성은 어디서 올까? 그는 이런 말을 종종 한다.

"숨은 천재는 수없이 많을 것이다. 다만 아직 나타나지 않고 있을 뿐이다."

게임 산업으로 돈과 정보, 조직까지 모두 장악한 그가 새로운 비전을 제시하기 위해 정성을 들이고 있다. 그래서 또 다른 아이디어로 세상을 깜짝 놀라게 할지 모른다. 맨손의 기술과 탁월한 아이디어로 그가 실현한 IT 산업은 지금 승승장구하고 있다. 게다가 새로운 게임 프로그램을 만드는 데 걸리는 시간은 그렇게 긴 시간이 필요 없다. 그는 미래 플랫폼 구상에 자신이 넘쳐 있다.

"무엇인가를 개선하려면 고정된 틀을 깨뜨려라!"

사실 그는 서울대학교에 입학한 뒤 컴퓨터 게임에 몰입하였고, 삼성 SDS에서 일할 때에는 게임의 귀재로 이름을 날렸다. 남들이 보기에는 생뚱맞은 비윤리적 사이트로 게임 이용자들을 사로잡는다. 그래서 그의 인기도는 혜성처럼 빛나고 있다. 기발한 아이디어로 30대에 창업하고 40대에 1조 원 이상의 갑부가 된 그를 청소년들이 열광하는 것은 지극히 당연한 일이다.

인류 역사상 가장 빠른 속도로 성공 신화를 기록한 사람은 미국의 컴퓨터 황제가 된 빌 게이츠와 IT 산업의 천재로 페이스북을 창업한 마크 저크버그이다. 그들은 하버드대학교 재학 중에 창업하고 초고속 억만장자가 된 천재들이다. 그들의 이야기는 모든 기업의 CEO는 물론, 미래 창조의 예비 CEO들에게도 미래의 새로운 시대를 열어갈 꿈과 지혜, 그리고 예리한 통찰력을 키워 가는 데 필요한 지혜와 용기를 강한 메시지로 전달하고 있다.

김범수도 빌 게이츠나 마크 저크버그처럼 전 세계가 주목하는 젊은 창업자의 한 사람이다. 그의 초고속 성공 신화의 비결에 대해 수많은 사람이 부러워하면서 미래의 플랫폼에 대해 궁금해하고 있다.

"김범수는 최단 세월 안에 최고의 억만장자로 혜성처럼 등장한 인물이다. 그런 일이 젊은이의 천재성 하나만으로 과연 가능한 일일까?"

그렇게 궁금해하는 것도 무리는 아니다. 창업하는 일도 쉬운 일이 아니지만, 성공 신화의 주역으로 떠오른다는 것은 더더욱 어려운 일이다. 성공의 비결은 그의 천재성뿐만 아니라 남다른 빠른 대응력과 미래를 바라보는 날카로운 통찰력이다.

여기에 하나 더 얹어서 모든 일에 사람을 그 중심으로 여긴 점이 남다른 성공 비결이다.

"실패하는 것보다 실패가 두려워 행동으로 옮기지 않고 머뭇거리는 것이 더 큰 문제이다!"

그의 사업 수완은 새롭고 정밀하며 재미를 우선으로 하는 데서 돋보인다. 같은 스토리텔링이라 해도 다듬고 또 다듬으면서 쉽고도 재미있게 엮어가는 것도 빼놓을 수 없는 성공 비결의 하나이다. 그래서 카카오톡 이용자들이 환호하면서 게임에 열광한다. 이와 더불어 신진대사도 무척 빠르게 진행되고 품질도 언제나 최고 수준을 자랑한다.

그의 게임 플랫폼은 언제나 개방적이다. 그래서 이용자들은 누구나 신선함을 갖게 된다. 항상 열려 있는 것이 아니라 닫혀 있는 게임의 세계로는 발전할 수 없다는 것이 그의 생각이다. 사람들의 숨은 욕망을 자극하고 흔들어 버리는 놀라운 기술이 있다.

마음을 사로잡는 사람이 가장 많은 수확을 얻는다고 확신하고 플랫폼을 구상하고 게임을 만들어 낸다. 그런 생각은 신통하고도 절묘하게 들어맞았다. 세상을 바꾸는 힘은 무엇일까?

그는 게임 산업에 관해 이렇게 말했다.

"내가 하고자 하는 일은 한 사람 한 사람 각자에게 재미를 선사하면서 모두가 즐거움을 누리도록 하자는 일이다."

우리보다 몇 세대 전의 사람들을 정보를 공유하지도 못했고 자기 의견을 만족스럽게 전달하지도 못했다. 그러나 오늘날은 다르다. 정보를 공유하고 자기 의견을 활발하게 펼친다. 컴퓨터를 통해 인터넷을 하고 이메일을 주고받는 덕분이다. 자기 생각을 발표하고 한 사람 한 사람의 목소리를 지구촌 사람들 모두에게 들려줄 수 있게 되었다. 참으로 놀랍고 또 행복한 세상이다.

게임 산업은 온라인상에서 지구촌의 국경을 허물어 버렸다. 하지만 여러 가지 문제점을 안고 있다. 바로 건전성과 윤리 문제이다. 게임이 난잡하고 도덕을 파괴하고 윤리를 훼손하는 내용이라면 사회의 지탄을 피할 수 없다.

그렇다고 건전함만을 내세운다면 재미와 흥미를 안겨주기가 어렵다. 그래서 어려움이 따른다. 게임의 내용을 재미있고 통쾌하게 하면서도 건전함을 지킨다는 것이 어려운 일이다.

게임을 개발할 때 여러 사람의 생각을 종합하고 이용자들의 의견이나 요구 사항도 반영하는데 정성을 기울인다. 이렇게 하면서 개발하는 게임은 이용자들과의 친밀도를 높여주고 게임을 통해 일어나는 잡음을 줄여준다. 이를 바탕으로 빠른 소통이 이루어지면서 신뢰도가 더욱 공고해진다. 게임의 이용자들이 국내에 국한한 것이 아니라 지도 위의 국경선을 훌쩍 뛰어넘는다는 것을 항상 생각하면서 프로그램을 개발해야 한다. 그래서 지구촌 사람들이 다 함께 재미와 즐거움을 나눌 수 있고, 전 세계의 사람들과 소통할 수 있는 공간을 제공한다는 데 중점을 두고 있다.

또한, 사회적 정화의 효과라는 것에도 유의해야 한다. 게임 이용자들이 마음에 들지 않거나 난폭성이 있고 상대방에게 적개심 등을 품고 보복 또는 골탕을 먹이려는 게임은 지탄을 면할 수가 없다. 좋은 게임은 이용자들이 즐겨 찾고 보지만, 나쁜 내용은 그 반대이다. 어떤 사람으로부터 공격적인 비판을 듣게 된다면 그 파장이 금세 게임 시장에 퍼져 나가는 것이 현실이다.

그런 까닭에 강렬한 논쟁이나 비판보다는 호의적인 반응이 더 많이 눈에 들어온다. 이것이 사회적 정화의 효과이다. 예를 들면, 페이스북 이용자들은 사회적 정화의 효과에 제어를 받고 있는지, 또 얼마나 까다롭고 또 이해가 어려운지를 잘 모르면서 당하는 경우

가 많다. 게임에서는 그럴 수 없다. 직접 게임 시장을 통해서 좋고
나쁨이 실시간으로 그 자리에서 드러나기 때문이다.

▲ 카카오톡의 김범수 의장

- 1966년 출생
- 177cm, 82kg, B형
- 서울 건대 사대부고 졸업
- 서울대학교 산업공학과 졸업
- 서울대학교 대학원 산업공학과 석사
- 삼성 SDS 입사
- 유니텔 및 유니원 프로그램 개발 참여
- 한게임커뮤니케이션 설립
- NHN 미국법인 사장
- 카카오 대표, 동 이사회 의장
- 즐기는 운동: 골프
- 월간 CEO 선정, 2005년을 빛낸 베스트 CEO 10인
- 포니정재단 2012 포니 혁신상
- 2013년 올해의 자랑스러운 서울대 공과대학 동문

한국 '인터넷의 아버지' 전길남 교수

　세계에서 인터넷을 가장 먼저 개발한 나라는 미국이다. 1969년 미국은 UCLA와 스탠퍼드대학 등을 인터넷으로 연결하는 데 성공했다. 두 번째는 어느 나라일까? 놀랍게도 한국이다. 전길남 박사가 이끄는 연구팀이 그 주인공이었다.

　한국 인터넷의 역사가 시작된 그날 이후 전길남 박사는 '대한민국 인터넷의 아버지'로 불린다.

　전길남(全吉男, 1943년 1월 3일~) KAIST 명예교수는 전 세계 인터넷 초기 개발자 5명 가운데 한 사람으로 꼽히는 세계적인 교육가이다. 인터넷 국제표준을 정하는 ISOC(인터넷 소사이어티)가 전 세계 인터넷 형성에 기여한 개척자 30명을 기려 만든 '인터넷 명예의 전당(Internet Hall of Fame)'에도 이름이 영예롭게 올라 있다.

　일본 오사카에서 태어나 오사카대학 전자공학과를 졸업한 후, 미국으로 건너가 UCLA에서 시스템 엔지니어링 박사학위를 받고 미국 록웰 인터내셔널에서 컴퓨터 시스템 디자이너로 일했으며, 미국항공우주국 제트추진연구소에서 1970년대 후반까지 기술연구원으로 근무했다.

그는 1979년 36세의 젊은 나이에 한국전자기술연구소(KIET) 책임연구원으로 처음 한국 땅을 밟았다. 그리고 1982년부터 한국과학기술원(KAIST) 공학부 전산학과 교수로 재직하면서 우리나라의 전산학의 기초를 다져주는 동시에 인터넷의 뿌리를 내리게 하는데 크게 이바지하였다.

알파넷의 산실인 UCLA에서 있었던 것이 인연이 되어 한국의 인터넷 도입에 핵심적인 역할을 하였다. 1970년대 말, 컴퓨터를 국산화하자는 정부의 요청을 받아들인 그는 1982년 마침내 경북 구미 전자기술연구소와 서울대학교 사이를 연결하는 최초의 인터넷 네트워킹을 만드는 데 성공했다.

인터넷 역사의 시작을 알리고, 대한민국이 오늘날 인터넷 강국으로 도약하는 초석을 놓은 것이다. 그리고 다시 1990년 4월 23일 KAIST CSRC 재임 시절 국내 최초의 전용선에 의한 인터넷 연결을 주도하여 본격적인 인터넷 시대를 열어놓으면서 '한국 인터넷의 아버지'로 우뚝 섰다.

그는 시스템 아키텍쳐 연구실 SA랩을 지도하면서 수많은 인재를 배출해 냈다. 김정주 넥슨 창업자, 허진호 아이케트 창업자. 송재경 엑스엘게임즈 대표, 박현제 전 솔빛미디어 대표, 정철 전 삼보컴퓨터 대표 등 현재 한국 IT 업계의 주역들이 모두 그가 길러낸 제자들이다.

 김정주 넥슨 창업주는 "전길남 교수의 연구실에서 굉장히 많은 기업이 배출됐다. 연구실에서 많은 기업이 나온다는 건 이례적인 일인데, 전길남 교수는 학생들이 하고 싶은 것을 응원해 주었기에 가능했다. 누구보다 열심히 연구하는 연구실이었지만, 연구원들이 꿈을 찾아 가는 것을 지원해 주었다."라고 회상한다.

 수학을 좋아했고, 수학 과목이 가장 편했다는 전 교수, 부모의 고향은 경상도, 부모님이 일찍 일본에 정착하여 재일교포로서 일본 생활을 한 것이다. 활달한 성격의 평범한 소년 시절을 보냈고, 공부보다는 운동을 훨씬 더 좋아했다. 등산, 수영 등 안 해 본 운동이 없을 정도란다. 그는 고교 시절 학생회 회장 활동을 하면서 민족적 정체성을 자각했고, 어떻게 하면 한국에 가서 조국에 보탬이 되는 사람이 될 수 있을까 하는 생각을 했다.

 첨단 과학기술 분야에 가까운 공부를 하려고 보니 전산학이라는 전공이 눈에 들어왔다는 그는 부모의 반대에도 무릅쓰고 전자공학을 전공했다. 미국에서 박사학위 과정을 마친 후 전길남 박사는 미국항공우주국 제트추진연구소의 연구원으로 일한 자랑스러운 한국인이다.

승용차와 인터넷 둘 가운데 하나를 선택하라고 하면 단연 인터넷이라고 말하는 전 교수, 승용차가 없으면 대중교통을 이용하면 되지만 인터넷 없이는 하루도 못사는 사람이 많다. 그만큼 전 세계적으로 없어서는 안 될 시스템이 된 것임을 강조했다.

전길남 교수는 36세 때인 1979년, 보장된 출셋길을 마다하고 박정희 정부 시절 해외 과학자 유치 계획에 따라 귀국했다. 그때 미국 친구들은 모두 "미쳤느냐?"라며 귀국을 만류했다. 그러나 그는 조국을 위해 일해야 한다며, 귀국을 단행하고 한국을 인터넷 강국으로 만드는 견인차가 되었다.

대한민국 정부는 그에게 국민훈장 동백장과 기린장을 수여하며 큰 공을 치하했고, 국가상훈편찬위원회는 올해의 과학자상을 수여하였다.

제3장

넥슨 그룹 리더 김정주 회장

소문난 수재, 온라인 게임 대박

넥슨 그룹 대표인 김정주는 서울에서 고등학교를 나온 뒤 일본 조치대학에서 국제학을 공부하고 서울대학교에서 컴퓨터공학을 공부했다. 그리고 카이스트(KAIST)에서 전산학과 석사를 마치고 박사 과정을 전공하던 중에 글로벌 온라인 게임 업체 넥슨을 창업하고, 세계 최장수 서비스 중인 그래픽 온라인 게임 '바람의 나라'를 개발했다.

그는 한국예술종합학교 협동과정 예술경영학과 전문사 과정도 2013년에 수료한 특별한 이력을 지니고 있다. 변호사의 아들로 어릴 때부터 '소문난 수재'라는 소리를 들으며 자랐다. 변호사 아버지 덕분에 돈 걱정이 없는 집에서 부유한 어린 시절을 보낼 수 있었다. 집안도 좋고 머리도 비상했던 그는 서울대 컴퓨터공학과(86학번)를 졸업한 뒤 한국과학기술원(KAIST) 대학원 전산학과에 들어갔다. 기숙사에서 그는 이해진 NHN 창업자과 같은 방을 썼다. 그들의 방 옆에 송재경 현재 XL 게임즈 대표, 김상범 현재 넥슨 이사 등이 있었다.

이들 네 명은 거의 붙어 다니다시피 하며 앞날을 걱정한 친구들이다. 특히 송재경과 김상범 두 사람은 카이스트에서도 소문난 괴짜였다. 송재경은 천재 프로그래머로 일찌감치 이름을 날리고 있었고, 김상범은 기발한 아이디어로 교수들을 깜짝 놀라게 하는 스타일이었다.

김정주 대표는 송재경, 김상범 괴짜 외에 이민교 등과 함께 1994년 12월 넥슨을 창업했다. 그의 나이 스물여섯 살 때였다.

넥슨은 처음에 게임 업체는 아니었다. 웹 오피스라는 인터넷 솔루션을 개발하는 회사로 출발하였다. 기업체 내부의 인트라넷을 개발하는 용역 업무도 맡았고, 아시아나항공의 예약 시스템을

1995년 개발해 주었다. 하지만 그는 이런 인트라넷 솔루션으로 사업을 계속 이끌어 나아갈 생각은 없었다. 외주 개발 업무는 현금 확보를 위한 일종의 수단이었다.

넥슨의 창업자들은 당시 PC 통신에서 인기를 끌고 있던 온라인 게임의 가능성을 일찌감치 눈여겨보았고 그 가능성을 알아챘다. 1994년 마리텔레콤이 개발한 '단군의 땅'은 국내에서 처음으로 여러 사람이 접속해 온라인으로 즐기는 게임이었다. 그런데 이 게임은 그래픽이 없는 텍스트 방식이었다. 사람들은 텍스트로 제시되는 상황 설명을 보고 키보드로 명령어를 입력해 게임을 따라 하며 즐기는 것이었다. 그는 여기서 기발한 생각을 해냈다.

"텍스트로 제시되는 상황 설명 대신에 그래픽을 넣으면 어떨까?"

지금은 게임에 그래픽이 들어가는 게 너무나 당연하지만, 그때만 해도 무척 생소하고 기발한 생각이었다. 그런 까닭은 PC 사용이 널리 보급되어 있지 않고, 복잡한 개발 과정, 비싼 서버 비용 등으로 인해 시장 판도가 매우 제한적이거나 좁다고 여겼기에 이런 생각을 하는 사람이 거의 없었다. 그러나 그는 이 아이디어를 최초로 실현했다.

'브릭 링크' 도대체 뭔가?

대한민국 10대 부자, 자수성가한 부자 2위에 오른 김정주, 그가 서비스하는 레고 온라인 장터 '브릭 링크'가 뜨거운 화제를 낳고 있다. 기존 브릭 링크는 레고 블록을 판매하고 커뮤니티를 운영하는 기능이 중심이었다. 그러나 새로 단장한 브릭 링크는 사용자가 직접 아이디어를 내고 제품을 설계할 수 있도록 꾸몄다. 특정 형태의 제품을 구매하는 것을 넘어 사용자 개개인이 자신만의 창작품을 설계하고 만들 수 있다는 것이 다르다.

김정주 넥슨 대표는 이에 대해 아주 간단하게 설명하였다.

"브릭 링크는 연결만으로 생태계를 조성한 아주 간단한 모델이다. 전 세계 레고 마니아에게 원하는 부품을 공급하는 채널이다. 물류창고가 필요 없다. 그러므로 브릭 링크 2.0이 도입되면 소비자, 판매자, 디자이너의 3자 거래가 가능한 새로운 플랫폼이 자연스럽게 만들어진다."

그의 말을 더 들어보자.

"브릭 링크는 단순한 사업이 아니라, 레고를 통해 사람들의 창의성과 상상력을 끌어올려 주는 공간이다. 혼자서 게임할 수 있는 일이 아니므로, 여러 사람과 함께 협력하게 된다."

현재 브릭 링크는 회원제 시스템인데, 지구촌에서 약 40만 명이 가입했으며 누적 방문자를 합하면 그 수는 3억 명 이상으로 불어난다.

우리나라 10대 부자에 선정된 사람 가운데 자수성가한 부자로 1조 원 이상의 자산을 보유한 사람 10명 가운데 2위에 오른 그는 '넥슨 신화'의 주인공으로 이미 이름을 날리고 있다. 그 자신도 신흥 벤처 부호 가운데 자산이 가장 많다는 사실에 놀라움을 감추지 못하고 있다.

더구나 김정주의 브릭 링크가 대박이라는 소문을 듣고는 있었으나 자수성가한 갑부 2위라는 사실을 접한 누리꾼들은 뜨거운 반응을 보이면서 찬사를 아끼지 않았다.

"10대 부자 김정주 회장 브릭 링크, 이게 돈이 되는 서비스인가 보네!"

"새로운 부자 김정주 회장 브릭 링크, 전 세계 레고 마니아 엄청나네!"

"부자 김정주 회장 브릭 링크, 자수성가형 부자 진짜 맞지!"

미래를 바라보는 지혜

대구광역시 중구 노보텔 대구시티센터 지하 2층 샴페인 홀에서는 게임 예비 개발자들을 위한 KOG 컨퍼런스 강연이 매달 열린다. KOG 컨퍼런스는 유명 개발자들의 인터뷰 강연이 진행되는 것이 특징이다. 50회 강연은 넥슨 창업주인 NXC 김정주 회장의 초청 강연으로 진행되었다.

강연 시작 전에 관객들의 흥미를 돋우기 위해 풍선 날려 보내기로 가볍게 이벤트를 한 후, 김정주 회장의 인터뷰가 시작되었다.

넥슨을 세계적으로 알린 김정주 대표를 가리켜 흔히 '은둔형 경영자'라고 한다. 그런 이야기를 많이 듣게 된 이유로는 엔씨소프트의 일부 지분을 인수한 이후로 언론에서 공개된 인터뷰나 소식이 거의 없었던 탓이다. 2시간 정도 진행하면서 질의응답 시간에 자신의 게임 철학, 경험 등을 이야기하였다.

첫 번째 질문은 어릴 적의 이야기였다.

"부모님으로부터 좋아하는 것을 하라는 이야기를 많이 들어왔다. 나는 음악을 좋아하였다. 그래서 장차 음악대학으로 진학할까 하였다. 어릴 적부터 음악적 재능을 가지고 있었다고 생각한 때문이다. 피아노와 바이올린을 배웠다. 그 레슨 때문에 학교에 결석하는 경우도 종종 있었다."

그는 실제로 어렸을 적 이화여대 콩쿠르에 나아가 입상한 경력이 있다. 그러나 음악대학으로 가지 않고 공과대학에 진학하였고, 1994년에 넥슨을 창업하면서 2년의 개발 기간을 거쳐 국내 최초의 온라인 게임 '바람의 나라'를 만들어 대박을 터뜨렸다.

두 번째 질문은 창업에 대한 고민이었다. 그는 대학원에서 박사 과정을 밟던 중에 창업에 대한 고민이 생겼는데, "즉시 사업을 시작하라."라는 말을 들었다고 밝혔다.

한 질문자가 말했다.

"현재 소규모 게임 관련 사업을 운영하고 있다. 네트워크를 넓히고 싶은데, 그를 위해 많은 사람과 만나 인맥을 넓히는 것이 좋은지, 아니면 회사의 내실을 다지는 것이 중요한지 분간이 안 되어 고민이다. 글로벌 시장에 진출할 때 대표로서 어떤 마인드를 지녀야 하는지에 대해서도 고민이다."

그는 이 질문에 대해 다음과 같이 대답을 해주었다.

"인생을 길게 살 수 있다면 취직하여 회사 생활도 몇 년 하고 나서 창업해도 좋을 것이다. 하지만 개인적으로 생각하기에 정말 땀 흘려 일할 수 있는 시간은 불과 10여 년 남짓하다고 생각한다. 창업한 뒤 바로 성공할 수 있다는 확신이 있다면 곧 시작할 수도 있다. 그런 경우 회사를 조금 다니다가 35세쯤에 시작해도 될 것이다. 하지만 그것은 상상일 뿐이며, 거의 불가능에 가까우므로 최대한 빨리 시작하는 것이 좋다고 본다."

그러면서 다음과 같은 조언을 하였다.

"사업 규모가 작고 시스템이 완성되지 않았다면 사업의 내실을 다지는 것이 더 중요하다. 적어도 10년은 회사를 운영해 봐야 결과가 나타나고 회사가 안정적으로 운영되는 시스템이 만들어진다는 것을 명심하라. 그 후에 대표가 자유롭게 움직이거나 다음 행보를 결정할 수 있는 여유가 생긴다."

글로벌 시장에 어떻게 대처해야 하는가 하는 질문도 나왔다.

"글로벌 시장에 대처하는 일은 매우 어렵고도 복잡하다. 회사가 사느냐 죽느냐 하는 갈림길이 달려 있기 때문이다. 분명한 것은 회사가 고객이 원하는 방향으로 가야 한다는 것이다. 넥슨도 중국에서 거두는 매출이 많은 만큼 중국의 요청을 들어줄 수밖에 없다. 그렇게 하기 위해서는 중국에 자주 가야 한다. 마찬가지로 주요 마켓이 다른 곳에 있다면 그 마켓에도 조금 더 접근해서 가까이 지내는 것이 필요하다고 생각한다."

다음 질문은 애니메이션을 전공하고 있는 학생이 한국의 문화 콘텐츠 시장의 미래에 대한 전망에 관해 질문하는 것이었다. 이에 대해 그는 전망이 밝고 가능성도 있다고 대답하였다.

"우리나라 문화 콘텐츠 산업은 충분히 가능성 있다고 본다. 나의 어린 시절을 회상하건대 우리나라처럼 영화나 드라마, 게임을 잘 만들어 수출하는 국가도 드문 편이다. 그래서 고정관념을 깨고 진출한다면 충분히 성과를 거둘 것이라고 본다. 우리나라 문화 콘텐츠 산업은 충분히 가능성 있고 전망도 매우 밝다고 생각한다."

다음에 이어진 질문은 청각장애인의 질문이었다. 질문자는 듣지도 못하고, 말도 못하는 장애인이다. 그러나 게임에 대한 열정만큼은 그 누구보다 뜨거웠다. 그는 프로그래머로 일하고 싶은데 넥슨에 취업하기 위해선 어떠한 과정을 거쳐야 하는지에 대해 질문하였다. 매우 도전적이고도 노골적인 질문이었다.

김정주 대표는 성실하게 대답하였다.

"정책적으로 어떤 제도와 대책이 있는지는 잘 모른다. 온라인 게임에서는 몸이 불편한 장애인도 길드를 만들어 사람들을 리드할 수 있다. 넥슨에 장애인 특별 채용이 있는 것은 아니지만, 실제로 이미 디자이너 중에는 말을 못하는 장애인이 채용돼 일을 잘하고 있다. 부산에 있는 넥슨 커뮤니케이션에서는 장애인으로 구성된 부서의 인원만 80%에 이른다. 고객의 의견을 듣거나 게시판을 관리하는 등 게임 산업 분야에는 몸이 온전하지 않더라도 할 수 있는 일들이 얼마든지 있다. 장애인들에게도 채용의 길은 열려 있으므로 용기를 가지고 도전하길 바란다."

그는 이 강연에서 다음과 같은 결론을 내렸다.

"자신이 하고 싶은 일을 하라. 지금 하는 일이 즐겁지 않다면 더 이상 머뭇거리지 말고 자신의 일을 찾아 나서라."

꿈을 현실로 만든 노력파

1998년 일본을 방문한 서른 살 때의 일이다. 내로라하는 벤처 기업가 김정주였지만, 전자제품 판매장 앞에 사람들이 100m 넘게 길게 줄지어 서 있는 장면을 보고 기가 찼다. 그 긴 줄에 서 있는 사람들이 모두 닌텐도 게임기를 사기 위해 모여 있다는 것을 알고 충격에 빠졌다. 그날 밤 일본에 연수 중이던 최승우를 만나 식사를 함께하면서 의기투합하고 결의를 다졌다.

"우리가 닌텐도를 이기는 게임 회사를 만들자!"

당시 넥슨은 게임 사업을 막 시작했지만, 게임보다는 소프트웨어 개발 용역이 더 많은 비중을 차지하고 있었다. 그는 한국으로 들어와 본격적으로 게임 사업을 전개하기 시작했다. 일본에서 귀국한 최승우도 넥슨에 합류했다. 그렇게 해서 13년 세월이 흘렀다.

김정주 회장은 도쿄증권거래소 중앙에 마련된 종을 5번 울려 넥슨의 일본 진출을 알렸다.

2011년 12월, 넥슨 재팬이라는 이름으로 게임의 본고장 일본 증시에 상장하며 새로운 꿈의 첫 나래를 폈다. 넥슨의 매출액은 2010년 기준 1조 원 수준이었다. 21조 원에 달하는 닌텐도의 20분의 1도 되지 않는 소규모이다. 순이익도 닌텐도 3조 3,000억 원, 넥슨 3,100억 원으로 10분의 1 수준이다.

그런데도 일본 증시에 상장된 넥슨의 시가 총액은 8조 원으로 닌텐도의 25조 원의 3분의 1에 달했다. 실적보다 엄청 높은 평가를 받은 것이다. 창업자이자 최대 주주인 김정주 대표의 지분을 환산한 개인 재산은 3조 원으로 불어났다.

증시에서 넥슨의 가치가 높게 평가받은 것은 성장성 때문이다. 넥슨의 영업 이익은 2010년 49.9% 증가했지만, 닌텐도는 35.8% 줄었다. 2011년에도 넥슨은 30% 이상 성장했지만, 닌텐도는 실적이 후퇴하였다. 닌텐도를 이기는 회사를 만들겠다는 김정주 대표의 꿈은 이렇게 조금씩 현실로 다가왔다. 김정주 대표가 일본을 방문해 닌텐도 게임기를 사기 위해 줄지어 서 있는 사람들을 봤을 때는 '바람의 나라'와 '어둠의 전설'을 출시한 직후였다.

그는 일본에서 소니와 닌텐도 같은 콘솔 업체가 만든 게임을 보며 한때 절망에 빠졌다. 몇 명이 모여 뚝딱거리며 만든 넥슨의 게임과 수백억 원을 들여 수천 명이 만든 소니와 닌텐도의 게임은 정말로 하늘과 땅 차이라는 것을 실감하였기 때문이다. 조잡한 그래픽과 열악한 개발 환경 속에서 포기하고 싶은 마음이 들었다. 하지만 그는 끈기 있게 계속해서 기어코 새로운 게임을 만들어냈다.

1998년 12월에는 '일랜시아'라는 게임을 출시했다. 해가 바뀔 때마다 새로운 게임을 연속 내놓으면서 넥슨의 명성을 날로 드높았다. 넥슨은 매년 새로운 게임 타이틀을 내놓는 국내 유일한 게임 회사로 착실하게 발전하였다. 게임을 직접 개발하는 게 힘들 때는 좋은 게임을 사들이기도 했다.

그렇게 하면서 넥슨의 이름으로 국내 게임 산업의 흐름을 바꿔놓을 만한 인기 게임들을 계속해서 시장에 내놓았다. 퀴즈퀴즈, 크레이지 아케이드, 메이플스토리, 마비노기, 카트라이더 등 헤아리기 힘들 정도로 많은 게임이 줄을 이어 나왔다.

"성공의 비결이 무엇인가?"

그에게 성공 비결을 묻는 사람들이 많다. 그럴 때마다 그는 항상

하는 말이 있다.

"운 좋게 시대의 흐름을 잘 잡았다!"

콘솔 게임이 세상을 지배하고 있는 것처럼 보일 때 한쪽에서 PC 시장이 무섭게 성장하고 있었다. 넥슨이 만든 게임은 PC를 이용하는 사람들이 즐기기에는 더없이 좋은 콘텐츠였다. 남녀노소 누구나 부담 없이 할 수 있다는 것도 최대의 장점이었다.

그는 말했다.

"실력보다는 시대가 우리 쪽으로 흘러 왔다."

그는 넥슨의 성공에 대해 절대 자만하지 않았다. 자만에 앞서 지속적으로 게임 콘텐츠를 내놓고 기대하였던 성과가 나오지 않아도 지치지 않고, 자신이 파악한 시장의 흐름과 시대의 변화를 읽으면서 꾸준히 개발에만 전념하였다.

이런 일을 할 수 있다는 것은 아무나 할 수 있는 것은 아니다. 그것을 넥슨은 보란 듯이 꾸준하게 해냈다.

"게임만 잘하기는 정말 어렵다!"

넥슨과 관련해 자주 떠도는 소문이 있다. 제주도에 테마파크를 건설한다, 영화 사업에 진출한다, 디즈니랜드 같은 기업을 꿈꾸고 있다고 하는 소문이 그런 것들이다.

이럴 때마다 김정주 대표는 이런 말을 한다.

"넥슨은 영화나 음악 등 그 어떤 다른 산업에도 진출할 생각이 없다. 지금까지 그래 왔듯이 앞으로도 게임에만 집중할 것이다. 미디어 회사가 될 생각도 없고, 그럴 만한 여유도 없다. 게임만 잘하려고 해도 정말 어렵다. 아직 넥슨이 개척하지 못한 해외 시장도 많고 스포츠 게임에서 성과를 보인 게 없다. 게임 분야에서도 넥슨은 더 노력해야 한다."

그런 넥슨이 미국의 액티비전 블리자드에 이어 세계 2위권 온라인 게임 업체가 된 것은 오직 게임 한 분야만 파고들었기 때문이다. 넥슨은 특히 국내외 다른 어떤 게임 회사보다 콘텐츠 개발과 서비스 유지에 공을 많이 들이고 있다. 이러한 방침은 김정주 대표의 경영철학이자 사업 원칙이다.

넥슨의 게임 '바람의 나라'는 출시 이후 지금까지도 국내외에서 많은 사람의 사랑을 받고 있다. 1996년에 처음 나왔으니까 벌써 18년 전이다. 넥슨의 인기 게임들은 하나같이 꾸준히 오랫동안 높은 인기를 유지한다는 공통점이 있다. 이렇게 오랜 시간 동안 많은 타이틀에서 소비자들의 사랑을 받는 것은 넥슨뿐이다.

넥슨은 자만하지 않고 욕심내지 않는다는 것이 기업 이념이다. 자신들의 게임을 집대성해 그것만 즐길 수 있는 자체 플랫폼도 없다. 그런 것을 만들만도 한데 그럴 생각도 없는가 보다.

그는 언젠가 이런 말을 했다.

"우리는 콘텐츠 전문회사이다. 콘텐츠 회사는 플랫폼 영역을 넘보지 말아야 한다고 생각한다. 대신 플랫폼이 있는 곳이면 어디든지 갈 것이다. 넥슨은 많은 게임을 갖고 있기 때문에 그것을 모바일이나 소셜용으로 변환하는 것도 엄청난 작업이다. 앞으로도 플랫폼이 점점 다양해지고 사람들은 다양한 기기 플랫폼에서 게임을 하고 싶어할 것이다. 그런 수요에 적극적으로 대응하고자 한다."

그는 빠르게 변화하는 시장 흐름에 늘 주목하고 있다. 엄청난 성공을 거둔 그이지만, 지금은 잠도 못 이룰 만큼 고민이 깊다. 사람들이 PC를 외면하고 스마트폰이나 태블릿에 열광하기 때문이다. 넥슨의 성공 기반은 PC 게임이다. 그런데 이제 사람들이 PC 앞에 앉아 있는 시간이 눈에 띄게 확 줄고 있다.

아무리 좋은 게임을 만들어도 시대 흐름을 거스를 수는 없다는 걸 김정주 대표는 너무나 잘 알고 있다.

유능함보다 좋은 사람이 중요

카이스트(KAIST) 2층 강의실, 세계적인 색소폰 연주자 케니 지의 연주 동영상이 화면에 떴다. 케니 지가 자신의 밴드 구성원을 한 명씩 청중에게 소개하며 칭찬하는 10분 분량의 동영상이었다. 김정주 대표가 강단에 서 있다. 그는 2011년 9월부터 KAIST 바이오 및 뇌공학과에서 '기술벤처'라는 과목을 맡아 강의한다.

그는 이 동영상을 보여준 뒤 학생들에게 문제를 냈다.

"이 동영상을 보고 오래 생존하는 기업의 특징을 맞혀 보라."

한 학생이 손을 들었다.

"팀원들의 유대감을 유지하는 것입니다."

그러나 김 대표는 고개를 가로저으며 말했다.

"20년 전에는 잘 나가던 회사였는데 지금은 흔적도 없이 사라지는 경우가 많다. 지속 가능한 기업이 되려면 오랫동안 함께 일할 만한 사람을 고르는 것이 가장 중요하다. 결국, 사람이 일한다."

그는 사람이 중요함을 늘 강조한다.

"오랫동안 함께할 만한 사람으로 좋은 사람과 유능한 사람 둘 중 하나를 골라야 한다면 나는 '좋은 사람'을 선택하겠다. 유능한 사람은 컴포넌트 곧 부품 역할이 끝나면 나가 버린다. 앞으로 이 사람이 나와 20년을 같이 일할 수 있을지를 판단하는 것이 경영자에게 매우 중요하다."

그가 꼽는 '좋은 사람'이란 최승우 넥슨 재팬 대표, 서민 넥슨 코리아 대표, 다니엘 김 넥슨 아메리카 대표, 박경환 넥슨 차이나 대표, 한경택 최고재무책임자 등이다. 모두가 오랫동안 함께 일하였고 또 앞으로도 '오래 함께 일할 만한 좋은 사람들'이다.

그는 항상 사람을 강조해 왔다. 게임을 종합 작품으로 생각하는 그로서는 신뢰할 수 있는 사람들이 힘을 합쳐야 좋은 게임을 만들 수 있다는 것이 인재를 보는 눈이다. 넥슨은 흔히 자체적으로 게임을 잘 만들기보다는 '인수 합병'을 잘해서 큰 회사로 거듭난다는 말을 많이 듣는다. 그 말은 맞는 말이다.

넥슨의 히트작 메이플스토리는 위젯이라는 작은 게임 개발사가 만들었다. 던전앤파이터도 무명 회사의 제품이다. 국내 최고 인기를 누리는 총싸움 게임 서든어택은 게임하이의 작품이다.

넥슨은 이런 좋은 게임 개발사들을 모두 인수하면서 회사의 덩치가 쑥쑥 자라고 커졌다. 하지만 넥슨이 인수 합병을 계속 해왔던 것에는 또 다른 중요한 이유가 있다. 좋은 콘텐츠 못지않게 좋은 사람을 찾는 그의 경영 스타일 때문이다.

"오랫동안 즐겁게 일할 사람을 항상 찾고 있다. 사업에는 그게 가장 중요하다. 좋은 사람과 함께 있으면 언젠가 좋은 결과가 나온다. 좋은 사람은 찾는 그의 눈은 언제나 밝다."

그는 오늘도 또 다른 대박 신화를 일궈낼 사람을 찾고 있다. 그 사람은 '유능하고 뛰어난 인재'가 아니라 '좋은 사람'이다.

넥슨의 성공 가이드

김정주는 한국의 대표적인 자수성가 기업인이다. 넥슨을 창업한 그는 2011년 연 매출 1조 원을 노렸지만 아쉽게 실패했다. 그러나 그 아픔을 딛고 넘어서서 연 매출 3조 원, 영업이익 1조 원을 돌파하는 데 성공했다. 넥슨이 어떤 노력으로 성장하는가 하는 것은 지금 창업을 준비하는 차세대와 초창기 기업가들에게 크나큰 관심거리가 되고 있다.

그의 사업적 감각과 경영 철학은 매우 독특하고 특별하다. 김정주의 뛰어난 사업적 감각은 사업 초기부터 이미 나타났다. 사업 초기에 자금 조달을 목적으로 진입한 웹에이전시 시장에서 넥슨을 순식간에 최고로 만든 일화는 바로 김정주의 사업적 감각을 그대로 드러낸 것이다.

실제로 많은 벤처 기업들이 창업한 뒤 곧바로 코스닥 진입을 목표로 무리하게 상장을 하려다가 망하는데 넥슨은 그런 길을 걷지 않았다. 그는 벤처 기업의 CEO답게 넥슨의 거대한 규모에도 불구하고 해외 시장으로 눈을 돌려 일본 시장 상장을 준비하였다. 젊은 나이지만 사업 철학은 매우 보수적이다.

그는 이렇게 말한다.

"큰 공장을 운영하는 오프라인 회사를 생각해 보라. 30여 년간 키운 다음에 기업을 공개 상장하는 것이 정상이다. 그러나 지금 벤처 쪽은 창업 후 3년 이내에 기업을 공개하겠다고 야단이다. 지분 매각을 통해 현금을 확보하자는 것이다. 정말 잘못된 생각이다."

이처럼 길고도 신중한 그의 인내론은 외부 투자에 대해 견고한 신중성에서도 잘 나타난다. 그는 투자는 받지 않는 것이 좋다는 믿음을 갖고 있다.

"대다수 CEO가 49%까지 투자를 받는 것은 괜찮다고 생각한다. 하지만 투자는 남의 돈을 갖고 온다는 측면에서 49%를 받거나 단 1%를 받거나 받는다는 면에서는 모두 똑같다. 투자 유치를 신중히 생각해야 오래 버틸 수 있다."

사업을 길게 봐야 경영의 눈이 뜨인다는 말이다. 실제로 그는 여러 벤처 캐피털의 제안을 모두 정중히 거절하여 감동적인 일화를 남겼다.

"오래 버티면 옆에 있는 경쟁자가 다 죽는다. 남의 돈을 투자 받아서 3년 안에 어떻게 하겠다는 생각은 버려라. 들어온 사람이 나가면

다른 사람을 구하면 된다. 매출도 안 나오면 더 뛰면 된다. 문제는 누가 오래 버틸 수 있느냐가 문제의 열쇠이다."

드디어 온라인 게임의 대표주자로 우뚝 섰다. 대한민국 온라인 게임의 대표 주자는 넥슨 코리아다. 그걸 모른다면 곤란하다.

그는 자신 있게 말한다.

"넥슨이 대한민국 온라인 게임의 대표 주자라는 것을 모두들 잘 아실 것으로 생각한다. 대한민국을 넘어 전 세계로 시장을 키워나가고 있는 넥슨을 기억해 달라."

그의 말은 신념에 넘쳐 있다. 그런데도 그에 대한 이미지는 여전히 아리송하다.

"김정주, 그는 은둔형 경영자이다."

이유는 언론에서 공개된 인터뷰나 소식이 거의 전무하기 때문이다. 정말로 은둔형 경영자, 은둔의 재력가인가?

김정주와 넥슨의 성공 신화 스토리는 끝없는 감동의 이야기로 이어진다. 김정주 회장은 송재경과 함께 넥슨을 공동 창업했다. 그들은 거대한 넥슨을 서울 시내의 작은 방, 겨우 10평 남짓한 오피스텔에서 시작했다. 그리고 그들이 처음 게임 개발을 위해 첫 번째로 한 일은 한국의 모든 만화책부터 읽는 것이었다.

"벤처 기업을 한다더니 고작 만화책 읽기야?"

비아냥거림이 들려 왔다. 그러나 무시해 버렸다. 만화를 통해 배경과 설정이 중요한 온라인 게임의 아이디어를 얻기 위해서였다. 그렇게 한국의 모든 만화책을 읽고 찾아내 만든 게임이 바로 '바람

의 나라'이다. 1992년 연재를 시작한 김진의 '바람의 나라'를 통해
아이디어를 얻어 1996년 4월 4일 '바람의 나라'가 처음 서비스를
시작하게 된 점이다.

하지만 '바람의 나라'가 처음부터 잘된 것은 아니다. 회원 수가
겨우 20~30명에 불과하고 매출은 100만 원도 채 되지 않았다. 쏟
아 부은 노력에 비해 아주 보잘것없었다. 그러나 실망하지 않았다.
쏟아 부은 노력의 땀을 믿었기 때문이다. 얼마 지나지 않아 스타크
래프트 열풍이 몰아치면서 전국적으로 PC방이 널리 들어서고, 덩
달아서 '바람의 나라'는 바람처럼 큰 인기를 얻기 시작했다.

그 뒤로 비앤비 크레이지 아케이드, 카트라이더, 메이플스토리
등 작고 귀여운 캐릭터와 함께 넥슨의 열풍이 일어나기 시작했다.
지금은 서든, FIFA 온라인 등 넥슨에 사랑받는 게임이 많아졌다.

겨우 10평 남짓한 작은 오피스텔에서 시작한 넥슨이 어떻게 세계
적인 글로벌 기업으로 성장할 수 있었을까? 바로 김정주 회장이 평
소 강조하는 경영 철학에 그 비밀의 열쇠가 꽂혀 있다.

"자신이 하고 싶은 일을 하라. 지금 하는 일이 즐겁지 않다면 자
기 일을 찾아 나서라. 남들이 가지 않은 길을 먼저 걸어가라. 그것
도 내가 좋아하는 길을 내가 좋아하는 방법으로 신나게 만들어 가
야 성공한다. 남들이 다 만들어 놓은 제품을 겉모양이나 이름만 조
금 바꿔서 내놓으면 결코 성공하지 못한다. 남들이 빈정거리고 고
개를 흔들어도 과감하게 밀고 나가라. 그 길이 성공의 길이다. 회

사의 등수나 매출로 성공을 평가하는 경우가 많지만 그게 큰 성취감을 주지는 않는다. 정말 하고 싶은 일을 찾아 즐겁게 하는 데에서 행복을 찾아야 한다."

이렇듯 온라인 게임을 사랑하고 진정으로 하고 싶어 하는 열정이 강하기 때문에 지금의 넥슨을 일궈낸 것이다. 넥슨이 초창기에는 많은 실패를 했지만, 결국 이를 이겨 내고 도쿄 증시에 상장까지 하게 된 것은 우연이 아니라, 철저하게 준비하고 실행한 결과다.

'건전한 게임은 활력소' 라는 신념

초창기 한국 온라인 게임은 3면의 벽에 둘러싸여 있는 것과 비슷했다. 3면의 벽은 '게임은 사회악'이라는 사회 인식의 벽, '외국 게임을 절대 따라갈 수 없다'는 열등감의 벽, 그리고 '온라인 게임은 패키지 게임에 비해 조악하다'는 고정관념의 벽 등 세 가지이다.

이 세 가지 장벽은 게임에 대한 배타적 인식과 열등감 위에 고정관념까지 합쳐져 단단한 장벽이 3면에 둘러쳐진 것이다. 세 가지 벽은 대한민국 온라인 게임의 발목을 잡고 늘어진 채 좀처럼 놓아주지 않았다. 그런데도 마수와 같은 '게임'의 매력이 많은 사람을 홀리는 것인지도 모른다.

앞날이 기대되는 우수한 젊은이들이 모든 사람이 부러워하는 좋은 직장 대신에 미래가 불투명한 벤처 사업에 매료되어 게임이라는 괴물 같은 분야에 도전하고 있는 것은 국가적 손실이라고 하여 사회적 비판도 아주 많았다.

"게임이 뭔데? 그까짓 게임 만들어서 밥 먹고 살 수 있느냐?"

그러나 우수한 인재들이 주변 사람들의 싸늘하고도 냉소적인 시선을 의식하지 않은 채 온라인 게임이란 새로운 세계를 개척했다. 그러나 중요한 것은 게임을 출세의 수단으로 생각하지 않았다는 점이다. 게임 자체가 좋았고, 그 열정을 바탕으로 한국 온라인 게임 산업을 일구어낸 개척자들이었다.

불모지 척박한 토양에서 물도 주지 않고, 제대로 밭을 일구지도 않은 채 메마른 토지에서 한국 온라인 게임이라는 싹을 틔우고 열매를 주렁주렁 걸어 올렸다. 그리고 한 걸음 더 나아가 뿌리를 깊게 내리고 줄기를 키우면서 탐스러운 열매를 거두었다.

'바람의 나라'는 한국 온라인 게임의 뿌리 역할을 톡톡히 한 산물이다. 먼 옛날 동방의 대제국 고구려 국내성에서 시작한 '바람의 나라'는 세상에 나온 지 20년을 바라보는 시점에서도 변함없는 사랑을 받고 있다.

그래서 '바람의 나라'는 한국 온라인 게임의 놀라운 생명력으로 자리를 굳히면서 새로운 힘을 만들어 내고 있다. 더구나 '게임은 사회악'이라는 그릇된 생각을 불식하고 '건전한 게임은 활력소'라는 새로운 신념을 심어 놓았다.

대학가를 휩쓴 머드 게임 열풍

한국 온라인 게임의 바람은 1990년대 초반 대학가에서부터 불어 왔다. 초창기 네트워크 서비스 텔넷이 전국에 보급되던 시절이었다. 이를 기반으로 '하이텔', '천리안', '나우누리' 등 PC 통신들이 우후죽순처럼 생겨나면서 온라인 게임의 열풍이 불어왔다. 그때 온라인 게임을 위한 토양이 비로소 갖춰지기 시작한 것이다.

국내 온라인 게임의 시작은 과거 미국의 게임 역사와 비슷하다. 1970년대 미국 대학생들은 대학교 안에 오락기를 설치하고 즐기면서 전자 게임의 역사를 펼쳤다. 최초의 상업용 게임 '퐁'도 당시 캠퍼스 최고 인기 게임인 '스페이스워'를 모방하여 만든 것이다.

한국 온라인 게임도 그와 다를 바 없다. 처음에는 대학교 연구실이나 동아리를 중심으로 시작되고 그 열기가 확산되면서 소규모 네트워크 게임으로 번져 나아갔다. 당시 대학가에서는 외국에서 들어온 '테이블 게임'이 유행이었다. 이는 여러 명의 사람이 테이블에 모여 주사위를 굴리고 대화를 나누면서 게임을 즐기는 놀이였다. 하지만 아무리 재미있는 게임이라 해도 오프라인상에서 즐기기에는 공간적인 한계가 따랐다. 학생들은 시간과 공간의 제약 없이 게임을 즐기는 방법이 없을까 하고 미지의 세계를 찾아 헤맸다. 바로 네트워크를 이용해 게임을 즐기는 방법을 찾아냈다.

이렇게 하여 만들어 낸 것이 온라인 게임의 시초로 불리는 '머드 게임'이다. 1990년대 초에는 지금처럼 인터넷이 전국에 깔린 시절이 아니었다. 그뿐만이 아니다. PC방도 별로 없었다. 마음 놓고 네트워크를 사용할 수 있는 곳은 대학교 전산실 정도가 전부였다. 머드 게임은 대학 전산실에 설치된 PC 네트워크를 중심으로 급속히 확산되어 나아갔다. 초창기 머드 게임은 그래픽이 없이 텍스트 위주로만 진행된 것이다.

그러나 머드 게임에 매료된 학생들이 동아리를 만들어 게임을 공유했고, 일부에선 외국 게임을 가져와 번역해 함께 즐겼다. 넥슨 김정주 회장, 엔씨소프트 김택진 대표, 엑스엘게임즈 송재경 대표 등 한국 게임 산업의 주역들도 이 시절 대학교에서 머드 게임을 즐긴 신세대였다. 1990년대 초반만 해도 온라인 게임, 다시 말해서 머드 게임은 대학생들의 취미나 놀이 정도에서 그쳤다. 온라인 게임이 게임으로서의 가치를 인정받기 시작한 것은 '쥬라기 공원'과 '단군의 땅'이 나오면서부터다.

두 게임은 국내에서 상용화된 최초의 온라인 게임이다. 이 가운데 '단군의 땅'을 제작한 마리텔레콤의 장인경 대표는 한국 온라인 게임의 '대모'로 널리 알려진 인물이다. 그는 여학생으로는 최초로 서울대 전자공학과에 입학해 주목을 받았던 인물이기도 하다. 여성 우주인이 되기 위해 전자공학과에 입학하였지만, 1970년대 서슬 퍼런 군사정부 유신 시절을 보내면서 꿈을 접었다. 그 뒤 삼성전자를 거쳐 한국생산기술연구원에서 근무했던 그는 머드 게임에 빠져 있는 카이스트 학생들을 만나면서 새로운 가능성을 보았다.

이른바 온라인 게임의 '대모'로 유명했던 장인경 대표는 당시를 이렇게 회고하였다.

"내가 알게 된 그들은 컴퓨터 테크놀로지가 아닌 게임이라는 테크놀로지에 재능을 가진 친구들이었다. 어른들이 기대하는 영역이 아니었던 게임을 택해서 주위 사람들에게 '왕따'를 당하는 모습을 보고 참을 수 없었다."

한국 온라인 게임의 효시가 된 머드 게임 '단군의 땅'은 게임이 텍스트로만 진행된다. 뛰어난 천재성에도 불구하고 게임에 빠졌다는 이유 때문에 제대로 인정받지 못하고 왕따를 당하는 대학생들을 보고 그는 오기 같은 것을 느꼈다.

카이스트 괴짜들! 회사를 차리다

서울대 전자공학과의 최초 여학생이었던 장인경은 게임에 심취해 학업을 계속하기 힘든 카이스트 후배들을 모아 벤처 회사를 차렸다. 이것이 바로 한국 온라인 게임의 산실로 통하는 '마리텔레콤'이다. 그는 학생들을 모으기 위해 카이스트 교수들을 일일이 찾아다니며 설득에 나섰다. 그때를 이렇게 회상했다.

"당시 마리텔레콤 직원들은 상처받은 이 사회의 패자들이다. 벤처의 논리는 패자부활전이 된 셈이다. 실리콘밸리에서도 나스닥에 상장해 성공할 확률은 1만분의 1, 낙타가 바늘구멍 통과하기보다 더 어려운 과정이다. 실패는 당연한 것으로 여겨졌다. 다시 배워서 시작할 수 있는 환경이 필요하였다."

그런데 기적이 일어났다. 이렇게 해서 만들어진 '단군의 땅'이 큰 성공을 거두었다. 게임을 하기 위해 막노동을 하며 통신비를 마련하거나, 고시생이 시험을 포기하는 일까지 생겼다. '단군의 땅'보다 며칠 앞서 발매된 '쥬라기 공원'도 카이스트 출신인 송재경이 개발한 작품이다. 울티마를 광적으로 좋아한 송재경은 전투가 아닌 퀘스트 중심의 머드 게임을 만들어 인기를 끌었다.

두 게임의 성공에 힘입어 1990년대 초반 한국의 게임 시장은 머드 게임 전성기를 맞았다. 분당 20~30원의 비싼 통신비에도 불구하고 머드 게임 유저들은 급속도로 늘어갔다. 참으로 기이한 현상이 벌어진 것이다.

김정주는 이렇게 강조하였다.

"게임 회사는 소비자에게 즐거움을 판매하는 곳이다. 그러기 위해선 제작자부터 즐겁게 일해야 한다. 아이디어를 짜내는 것이 아니라 놀면서 게임에 몰입해야 하니까. 규제보다는 자유롭고 열린 분위기가 필요하다."

그의 넥슨은 지금은 세계 굴지의 게임 회사로 성장하였다. 그러나 20년 전에는 10평짜리 오피스텔에서 직원 5명 안팎의 한 작은 회사였다. 넥슨 창업주 김정주 회장은 서울대 컴퓨터공학과를 졸업하고 카이스트 대학원 전산학과에 들어간 전형적인 수재였다. 그러나 천부적으로 사업가 기질을 타고난 그는 카이스트 재학 시절 마리텔레콤 장인경 사장의 영향을 받아 온라인 게임 쪽에 관심을 갖게 되었다. 그때 함께 게임을 만들 사람을 찾던 중 카이스트 동기인 송재경을 영입하면서 활기가 솟아올랐다. 한국 온라인 게임의 큰 별들이 역사의 중심으로 혜성처럼 떠오르는 순간이다.

김정주는 이민교, 송재경, 김상범, 서민 등과 함께 1994년 12월 넥슨을 창업했다. 변호사인 아버지로부터 6,000만 원을 받아 창업 자금을 마련하였다. 그때 그의 나이 스물여섯 살 때였다.

그러나 회사를 차리자마자 바로 게임을 만들 수는 없었다. 이때만 해도 '온라인 게임'은 검증된 산업이 아니었다. 그래서 많은 사람이 뜬구름 잡기처럼 여겼다. 그런 상황에서 '단군의 땅' 같은 머드 게임이 성공했다.

그러나 아직은 마니아들이 즐길 뿐이었다. 사업 밑천은 바닥이 났다. 투자자들도 온라인 게임에 투자하길 망설였다. 넥슨은 스스로 개발 자금을 마련할 수밖에 없었다. 현대와 SK 등 대기업 홈페이지 제작부터, 아시아나항공 예약 시스템 개발, 웹오피스 프로그램 개발 등 돈 되는 일이면 닥치는 대로 맡았다. 외부에서 돈 벌어오는 일은 김정주 대표가 담당하고, 게임 개발은 전적으로 송재경이 맡았다.

김정주는 언론사 인터뷰에서 이렇게 말했다.

"조직 관리보다는 좋은 게임을 내놓는 환경을 만드는 일이 나의 몫이다."

이런 우여곡절 끝에 '바람의 나라'가 세상에 나온 것이다.

온라인 게임 시대를 열다

넥슨은 공동 창업자 송재경이 1997년 회사를 떠나면서 새로운 전환기를 맞았다. 그가 떠나자 그의 빈자리를 게임 기획 담당자 정상원이 맡았다. 그는 삼성에 입사했지만 딱딱한 조직 문화가 싫어서 회사를 그만두고 넥슨에 합류한 사람이다. '바람의 나라' 기획을 맡은 그는, 이후 '어둠의 전설', '일렌시아' 등 넥슨의 대표작들을 잇달아 개발했다. 특별한 변화는 '바람의 나라'가 본격적인 변신에 들어갔다는 것이다.

"10년 이상 변함없는 인기를 누리는 게임을 만들자!"

오래 인기를 누리는 장수 게임을 만들려면 다른 게임에는 없는 특별한 재미가 필요하다. 그때까지 온라인 게임은 네트워크를 통해 게임을 즐기는 수준에 머물러 있었다. 넥슨은 온라인 게임의 커뮤니티 기능을 강화하기 시작하였다. 게임 안에서 다른 사람과 만나고, 동료가 되고, 함께 사냥하고, 이야기하는 내용을 담았다. 자신의 캐릭터를 만들어 다른 사람과 소통할 수 있다는 경험 자체가 당시 유저들에게는 신선하게 다가왔다.

이러한 시도는 당시 게임에서 맛볼 수 없는 획기적인 변화였다. '바람의 나라'는 마치 채팅 프로그램처럼 인터넷상의 또 하나의 커뮤니티 공간을 제공한 것이다. '바람의 나라'는 네트워크 게임의 한계를 돌파하면서 새로운 재미를 안겨 주었다. 사람들은 게임을 단순히 즐기는 데 그치지 않고 자신들의 소소한 일상사를 이야기하는 커뮤니티의 장으로 빠져들었다. 이런 흐름은 한국 온라인 게임의 가장 큰 매력으로 자리 잡았다. 커뮤니티는 게임에 새로운 생명을 불어넣은 것이다.

그렇게 한 해를 보내고 1998년을 맞았다. '바람의 나라'에 결혼 시스템을 도입해 신선한 충격을 주었다. 결혼 시스템을 추가하면서 실제 게임에서 만나 결혼까지 하는 커플도 생겼다. 2005년 전면 무료화를 선언하면서 '바람의 나라'는 또 한 차례 중흥 시기를 맞아 승승장구하였다. '바람의 나라'는 18년간 1,800만 명의 누적 가입자와 1,000회가 넘는 업데이트를 기록하면서 유저들의 취향에 맞게 계속 진화해 왔다. 또한, 가장 오랜 기간 계속해서 상용하는 대기록을 세우며 기네스북에 올랐다.

'바람의 나라'가 온라인 게임의 시대를 활짝 열어 놓은 이래 잘 나가던 패키지 게임은 내리막길을 걸었다. '바람의 나라'는 온라인 게임의 새로운 시대를 열면서, 한국 게임 역사의 전환점을 새로 세웠다. 넥슨은 '바람의 나라'의 새 바람을 타고 온라인 게임 시대를 계속 이끌어갈 새로운 후속 작품을 개발하는데 박차를 가했다.

그 첫 번째 타자로 1998년 '어둠의 전설'을 내놓았다. '바람의 나라'에서 표현하지 못한 것들을 추가로 넣어 재미있게 꾸몄다. 그 뒤를 이어 '텍티컬 커맨더스', '비엔비', '카트라이더', '마비노기' 등의 게임들도 연달아 성공하여 온라인 게임 시장의 선두 주자 자리를 굳게 지키면서 초고속 성장을 이어가고 있다. 분명한 사실은 '바람의 나라'가 한국 게임 개발자들의 산실이 되었다는 점이다. '바람의 나라' 제작에 참여했던 개발자들이 창업하거나 다른 회사로 들어가 곳곳에서 국내 게임 산업의 주역으로 활동하고 있기 때문이다.

'바람의 나라'는 첫사랑과 같은 게임이라고 여기면 좋을 것이다. 게임의 나이만큼 유저들의 연령층도 다양해졌기 때문이다. 지금은 10대에서 50대까지 다양한 연령층이 '바람의 나라'를 즐기고 있다. 특히 10대에서 20대까지 젊은 세대들이 많이 한다.

오랜 세월이 지나도 변하지 않는 것이 있다면 나이가 다양한 유저들의 취향에 맞게 즐길 수 있도록 늘 새로운 변화를 통해 흥미를 안겨 주고자 정성을 기울인다는 점이 넥슨의 기본이다.

학창시절 '바람의 나라'를 시작한 유저들은 이제 부모 세대가 되어 아이들 함께 게임을 즐긴다. 아빠 엄마의 부모 세대나, 아이들 세대나 모두가 '바람의 나라' 앞에서는 동심으로 돌아가 젊고 풋풋한 매력을 만끽한다. 누구나 사춘기에 한 번쯤은 겪는 첫사랑을 대하는 느낌처럼 말이다. 게임은 유저들의 변화에 맞춰 수백 번이나 모습이 바뀌었다. 그런데도 세월의 풍파는 '바람의 나라'만을 저만

치 비켜 가는지 그 열기가 조금도 변하지 않는다. 그래서 세월이 흘러가도 '바람의 나라' 진화는 계속 진행되고 있다. 지금은 벌써 옛날이야기처럼 흘러갔다.

30여 년 전인 1980년대, 초대형의 광화문 교보문고는 어린이와 청소년들의 문화 놀이 공간으로 명성을 떨쳤다. 광화문 교보문고 매장 앞은 소년소녀들로 문전성시를 이루었다. 주말마다 삼삼오오 모여들어 떠날 줄 모르고 종알거렸다. 청소년 학생들의 관심은 책이 아니라, 조그마한 만물박사 컴퓨터였다. 그들은 눈을 초롱초롱 밝히면서 호기심에 가득 찬 눈으로 타자기처럼 생긴 이 조그마한 만물박사 컴퓨터, 그리고 볼록하게 나와 있는 흑백 모니터에서 잠시도 떠나지 않았다.

그 시절 교보문고는 주말이나 여름·겨울 방학 때마다 청소년 학생들에게 만남의 장소이자 감독 감시권에서 벗어난 해방된 성지였다. 컴퓨터를 공짜로 만져볼 수 있기 때문이다. 비싼 컴퓨터를 살 수 없었던 청소년들은 자연히 이곳으로 몰렸다. 오지 말라고 말릴 수도 없었고, 말린다 해도 청소년 학생들의 행렬을 막을 수는 없었다. 한국 IT 산업은 바로 이곳에서 자연스럽게 싹이 트고 무럭무럭 자라기 시작했다.

그로부터 30년이 흘렀다. 그때 청소년들은 이제 중년의 어른이 되었다. 넥슨 김정주도 그 시절 교보문고 컴퓨터 매장 앞을 서성거리던 어린이 가운데 한 명이었다. 컴퓨터는 그의 인생 전부였다.

컴퓨터에 홀딱 반한 그는 대학도 컴퓨터공학과를 선택했다.

대학을 나오고 카이스트에서 만난 친구들과 손잡고 게임 개발회사 넥슨을 창업하고 '바람의 나라'를 만들었다.

그가 창업한 넥슨은 지금 세계적인 게임 개발 그룹으로 우뚝 섰다. 그리고 그는 한국 IT 산업의 거인으로 성장했다. 그가 성장하는 동안 국제 사회와 시대도 엄청나게 변했다. 이제 컴퓨터는 30년 전 교보문고 매장에서 보았던 신기하고 낯선 물건이 아니다. 컴퓨터는 누구나 사용할 수 있는 생활용품이다.

홍수처럼 밀려드는 디지털 정보 속에서 컴퓨터의 의미는 이미 한물간 것처럼 느껴진다. 오직 앞만 보고 달려온 그는 뭔가 의미 있는 사업을 구상하던 중 문득 30년 전 교보문고 앞 컴퓨터 매장이 생각났다. 그의 발걸음은 그동안 잊고 있었던 '꿈'의 세월로 되돌아갔다. 그렇게 해서 시작한 것이 역사 복원이다.

컴퓨터가 어떻게 시작됐고, 어떻게 세상을 바꿔 놓았는지 하는 문제들을 하나하나 정리하여 넥슨 컴퓨터 박물관(지하 1층, 지상 4층 복층)에 꼼꼼히 새겨 넣었다.

넥슨이 150억 원을 투자해 제주도 노형동에 설립한 넥슨 컴퓨터 박물관, 이야기가 있는 컴퓨터 박물관에는 과거 추억의 컴퓨터들과 게임들 4,000점 이상 전시, 컴퓨터와 게임의 변천사를 한 눈에 볼 수 있다. 서울이나 다른 큰 도시가 아닌 제주도에 컴퓨터 박물관을 세운 까닭은 "자연과 컴퓨터의 조화를 연출하기 위해서"란다. 각박한 일상에서 벗어나 숲 속에서 여유롭게 컴퓨터와 게임의 역

넥슨컴퓨터박물관

사를 짚어보는 것도 의미 있다는 생각에서 그랬다.

박물관은 단순히 보고 지나가는 전시 장소에서 벗어나 직접 경험
하고 느낄 수 있는 자리를 만들었다. 소장품을 보관하는 수장고를
일반 관람객들에게 공개하는 것도 독특하다. 넥슨은 똑같은 소장
품을 전시용과 보관용으로 나누어 두 개씩 보관하고 있다. 지하부
터 4층까지 게임과 컴퓨터의 추억을 되새기게 하는 물건들로 빈틈
이 없다. 특히 세계 IT 역사의 흐름에 따라 전시물을 분리 진열하여
놓았다.

키보드, 모니터, 저장장치를 연결할 수 있었던 최초의 개인용 컴퓨터 애플 I, 1976년 스티브 잡스와 스티브 워즈니악이 수작업으로 처음 만들었다.

지금 지구촌에 6대밖에 남아 있지 않은 희귀본 애플 1 컴퓨터, 소더비 경매를 통해 4억여 원에 사들인 것이라 눈길을 끈다. 전시물 하나하나에 새겨져 있는 이야기의 결을 따라가면서 옛날의 추억을 다시 더듬어 보게 한다.

스티브 잡스와 함께 애플을 창립한 스티브 워즈니악이 박물관을 직접 찾아와 애플 컴퓨터에 사인을 해주었다. 애플 1은 200여 대만 제작했는데, 지금 남아 있는 애플 원본은 50대 정도이다. 그나마 작동되는 것은 겨우 6개뿐인데 이 중 하나가 제주도 컴퓨터 박물관에 전시되어 있는 것이다.

▲ 넥슨의 김정주 의장

- 1968년 출생
- 서울 광성중-고교 졸업
- 일본 조치대학교 국제학과 수료
- 서울대학교 컴퓨터공학과 졸업
- 한국과학기술원 전산학과 석사, 동
  박사과정 수료
- 한국망 정보센터 입사
- 넥슨 설립 공동대표
- 영문판 넥서스 출시
- 넥슨 미국 실리콘밸리 및 일본 현지법인 설립
- 넥슨 아시아(싱가포르) 설립
- 엔엑스씨(NXC)로 회사 명칭 변경
- 넥슨컴퓨터박물관(제주) 개관
- KAIST 바이오 및 뇌공학과 겸임교수
- 세계 최초 온라인 게임'바람의 나라'개발
- 2008년 올해의 KAIST 동문상
- 2012년 올해의 자랑스러운 광성중-고교인상

제4장

엔씨소프트 김택진 대표

'야구왕'을 꿈꾸던 소년

《포브스》 선정 2011년도 '세계 억만장자' 순위에 처음으로 이름을 올린 엔씨소프트 김택진 대표는 1967년생이다. 어릴 적에 '야구왕'을 꿈꾸던 그가 전자공학을 전공하고 박사 과정을 밟다가 엔씨소프트를 창업한 뒤 게임 개발자를 거쳐 CEO이자 IT 갑부로, 그리고 소년 시절의 꿈을 잊지 못해 또다시 프로야구단 구단주로 변신하면서 꿈나무들의 우상으로 떠올랐다.

그는 '리니지'를 개발하면서 한국 게임 역사의 새 장을 열어 놓았다. 그리고 놀라운 사업 수완으로 나라 안팎에서 지속적인 매출을 올리며 한국 게임의 우수성을 지구촌에 널리 알리는 동시에 한국 IT 산업의 위상을 드높였다.

'리니지'를 기반으로 '리니지 2'와 '아이온' 등 성공작을 계속 발표하면서 승승장구하고 있다. 온라인 게임 '리니지', '리니지 2', '길드워' 등을 통해 엔씨소프트를 세계적인 게임 기업으로 성장시

켰으며 대한민국 문화 콘텐츠 해외 진출 유공 포상자로 선정되어
대통령 표창을 받았다.

　엔씨소프트를 창립하기 전에 대한민국 대표 워드프로세서 '아래
아한글'의 공동 개발을 시작으로 한메소프트를 창립하여 도스용
'한메 타자교사'를 개발하는 등 소프트웨어 개발자로서 이미 명성
을 얻었다. 국내 최초의 포털 서비스인 '신비로' 개발에 참여했던
김택진이 혁신적인 '리니지'를 탄생시킨 것은 피할 수 없는 숙명과
도 같은 사연이 숨어 있다.

　어릴 적부터 야구 만화를 보며 밤새 변화구 던지는 연습을 하던
'야구광' 소년은 기업가가 되고 거부가 된 뒤에도 그 꿈을 버리지
못했다. 그의 생각은 항상 야구장으로 달려갔다. 그 열정은 이어져
프로야구 구단주에까지 이르렀다.

"야구가 미치도록 좋았다. 야구에 대한 열정은 태양처럼 강렬하게 타올랐다. 그런 열정이 나를 현장의 개발자로 끌어냈다. 나의 그런 열정은 마침내 나를 프로야구 구단주로 만들었다. 구단주가 된다는 것은 단순히 자금력만 갖춘다고 해서 가능한 일이 아니다."

이러한 그의 열정은 그를 야구장으로 끌어냈다. 2013년 1군 리그에 처음으로 진출한 NC 다이노스를 응원하기 위해 직원들과 구장에 방문한 모습이 언론에 등장한 것이다. 그런 일이 한두 번으로 끝나는 것이 아니라 수도 없이 자주 나타났다.

"김택진 대표가 야구장에 떴다!"

야구를 즐기는 그의 모습을 보고 많은 사람이 궁금하게 여겼다. 그러나 야구장에 선 그의 모습 앞에 대한민국 자산 1조 원 클럽 회원이란 타이틀도, 구단주란 타이틀도 무색했다.

선수들의 경기에 푹 빠져 진심으로 뜨겁게 응원하는 모습에서 야구를 사랑하던 옛날 소년의 열정이 숨김없이 드러나고 말았다.

왜 1등을 못할까?

공부는 어떤가?

공부는 잘했는데도 1등을 못하고 맨날 2등 아니면 3등에 그쳤다. 그보다 공부 잘하는 갑돌(가명)이가 있었는데, 그를 따라잡지 못한 것이다.

"왜 1등을 못할까?"

그는 이것이 숙제였다. 전교 1등을 하고 싶어 몸살이 날 정도였다. 항상 1등을 하는 갑돌이와 자신을 비교해 보았다. 그래서 갑돌이가 8시에 등교하면 자신은 7시에 등교하여 공부하였다. 쉬는 시간에도 갑돌이가 놀고 있는지 아닌지를 살피면서 놀지 않고 공부에 매달렸다. 그런데도 시험을 보면 2등 아니면 3등에 머물렀다.

"갑돌이는 정말 따라잡을 수 없는 천재인가?"

그러던 어느 날 기적 같은 아이디어가 떠올랐다. 갑돌이와 비교할 것이 아니라 교과서에 있는 문제를 막힘 없이 풀면 되지 않나? 그러면 공동 만점이 되고 공동 1등이 될 것이 아닌가? 하는 생각이 떠오른 것이다. 교과서나 참고서에 나온 문제나 개념 중 모르는 것을 알 때까지 공부해서 완벽하게 이해를 하면 시험에 어떤 문제가 나오더라도 100점을 맞을 것이다. 그러면 전교 1등이 될 수 있다는 자신감이 생겼다.

"그렇다! 시험마다 100점을 맞자!"

그는 주먹을 불끈 쥐었다. 갑돌이와 비교할 것이 아니라 나 자신이 모르는 것을 전부 알 때까지, 통째로 이해할 때까지 공부하기 시작하였다. 결과는 예상대로 딱 들어맞았다.

공부하는 방법을 깨달았고 1등을 하는 비결을 알아낸 것이다. 그때부터 전교 1등을 독차지했다.

"김택진은 현장에 어울리는 기업가다."

"현장에서 소통하는 현직 개발자형 CEO다."

IT 업계에서 그를 두고 하는 말이다. 그는 엔씨소프트를 창립한 이래 현장을 떠난 일이 없다. 여전히 개발 현장에서 가장 많은 시간을 보낸다. 그래서 "김택진을 만나려면 개발자 사무실로 가라."라는 말까지 생겼다. 엔씨소프트에서 출시한 '리니지'를 비롯해 모든 게임 제품들이 그의 손을 거쳐 나왔다.

그는 입버릇처럼 말한다.

"게임을 개발하는 것이 내가 회사에서 하는 일 가운데 가장 즐겁다. 그리고 나와 아주 잘 어울린다."

그의 특징은 엔씨소프트 직원들과 함께 일하는 '동료' 의식과 이미지가 무척 강하다는 것이다. 개발 현장에서 대부분 시간을 보내기 때문에 직원들에게 그냥 낯설고 어려운 존재가 아니라 친구이자 형 같다.

직원들과 그냥 함께 일만 하는 것이 아니라, 실무 담당자들에게 자기의 생각을 말하고 조언을 하며 개발에 대한 토론에도 참여하는 등 항상 현장에서 일하는 분위기를 북돋운다. 그런 열정은 트위터에서 고스란히 드러난다. 예를 들면 '블레이드앤소울'을 출시할 때 새벽녘에 이런 글을 올려놓았다.

"블레이드앤소울을 테스트하느라 며칠째 밤을 새워 가며 게임을 하고 있는데 정말 즐겁다."

과연 그럴까? 며칠 밤을 새워 가며 일하는데 짜증이 나지 않고 즐겁다고? 그에게는 개발자 출신이라는 자부심과 정체성이 무척 강하다. 그 자부심을 지켜나가고 있는 몇 안 되는 CEO라는 것이 IT 업계의 평가이다. 그만큼 현장을 지키고 사랑하는 CEO다.

어린 시절 야구왕을 꿈꾸었던 김택진 대표는 NC다이노스 프로야구단을 창단했다.

열정적으로 개발에 힘쓰는 그가 새로운 작품을 개발하는데 쏟은 마음과 열정은 그야말로 종교적 신념과도 같다. 그런 마음을 지녔기에 회사가 날로 발전하는 힘을 얻고 있다.

그 열정은 지금 프로야구 구단 'NC 다이노스'에서 활활 타오르고 있다. 대한민국에서 9개뿐인 프로야구 구단 중 하나를 가지고 있는 유일한 게임 업계 CEO가 바로 김택진이다. 엔씨소프트가 성공을 거듭하며 글로벌 게임사로 자리매김할 수 있었던 전략적 비결과 그 중심에는 항상 김택진의 경영 철학이 자리를 잡고 있다.

한국 게임계의 살아 있는 신화로 불리는 그는 열정과 의욕, 그리고 강인한 승부욕이 경영 철학의 밑바탕을 이룬다. 여기에 지금까지 알려지지 않았던 면모와 숨은 고민까지 하나로 이어지면서 단단한 엔씨소프트를 구축하고 있다.

자신과의 경쟁에서 이겨라

영화 '명량'을 보면 임진왜란의 성웅 이순신 장군이 살아 있고, 인간으로 다시 부활한 느낌이다. 그런 느낌은 이순신이 명량해전을 통해 보여준 위대한 리더십과 진솔한 인간성에서 오는 것이다.

명량은 이순신 자체요, 고난 극복의 이야기이기 때문이다. 그래서 시대와 나이를 초월하여 모든 사람에게 계층, 시대, 지역 간의 갈등을 해소하고 소통하는 아이콘으로 다가왔다. 그런 이유는 역사적 사실에 충실하고 개연성에 상상력을 더해 고난 극복의 메시지를 전달하고 있기 때문이다.

그의 《난중일기》 중에는 '오늘 날씨 맑음'이 하루 일기의 전부인 날도 있다. 그만큼 단순하고도 솔직하다. 그러나 극도의 위기 상황을 눈앞에 둔 장군의 일기로서는 매우 진솔하고 정확한 표현이라고 평가받는다. 맑은 날씨는 전쟁에 절대적 영향을 주기 때문이다.

이순신은 명량해전에서 단 12척의 배로 133척의 왜선과 맞서 싸워야 하는 매우 급한 상황에서 인간의 의지를 뛰어넘는 그 무엇을 전하려는 마음은 어쩌면 기적을 바라는 것인지도 모른다. 그런 상황에서 통쾌한 승리를 거두었다. 그래서 재미와 통쾌함, 흥분과 감동을 안겨 준다.

세종대왕 이야기를 보면 세상에 세종대왕처럼 뛰어난 천재가 또 있을까 하는 생각에 잠긴다고 사람들이 말한다. 서양의 철학자나 사상가 예술가들도 마찬가지다.

역사 속의 고전은 시대와 인종을 초월하여 많은 사람이 재미를 느끼게 하고 또 많은 사람에게 감동을 안겨 준다. 그리고 남녀노소를 불문하고 감정으로 공감하며 소통한다. 그래서 고전은 최고의 스승이자 최고의 교과서라고 말한다.

옛날 어느 마을에서 늙은 아버지가 어린 아들에게 말했다. 그런데 아들은 아버지의 말을 건성건성 들었다. 그럴 때마다 아버지로부터 야단을 맞았다. 아들은 그 말씀이 그 말씀이라며 귀담아듣지 않았다. 그래서 엉뚱한 실수를 되풀이하곤 한다. 어느 날 아버지는 외출하였다가 들어와 아들에게 또 말하였다.

"얘야, 대문 밖 웅덩이에 물이 꽤 많이 고여 있다. 밖에 나갈 때 조심하여라."

"예! 알았어요."

그러나 아들은 아버지 말을 귓등으로 가볍게 듣고 흘려버렸다. 그리고는 무심코 나갔다가 그 웅덩이에 발이 빠지고 말았다.

옛날이야기는 생활의 역사이다. 사람들은 역사를 만들고 그 역사 속에서 살아간다. 그래서 우리는 역사를 바로 알아야 한다. 역사의 내면까지 파고들면서 공부할 필요는 없다. 그러나 그 흐름은 알고 있어야 한다. 역사 속에는 삶의 철학과 방법, 그리고 인간 사회의 사상이 담겨 있기 때문이다.

오래된 역사일수록 인간의 삶과 철학이 짙게 담겨 있다. 그래서 역사를 배우려고 하고 또 가르쳐 주는 것이다.

유럽에서는 14세기에서 16세기에 걸쳐 문예부흥 르네상스 운동이 활발하게 진행되었다. 그 시대의 천재 화가이자 조각가로 활동했던 미켈란젤로는 남들이 자신을 레오나르도 다빈치와 비교하는 것을 매우 못마땅하게 여겼다. 그 까닭은 자신을 다른 사람과 비교해서 이렇다저렇다 평가하는 것 자체가 옳지 못하다는 것이었다. 더구나 창작 작품은 예술적인 혼이 담겨 있는 것이므로 비교 대상이 될 수 없다는 것이었다.

그런 미켈란젤로는 로마 교황청의 시스티나 성당의 천정 벽화를 그릴 때나 다비드상을 만들 때도 오직 자신과 스스로 경쟁하면서 혼백을 불어넣어 가며 완벽함을 만들어 갔다. 그래서 지금도 불후의 명작으로 지구촌 사람들이 찬사를 보내며 감동한다.

만일 다빈치의 작품과 비교해서 더 잘 만들고자 하였다면 그 작품에는 생명력이 없고 생동감도 없어 불후의 명작이 아니라 쓸모없는 졸작이 되어 버렸을지도 모른다.

김택진은 옛날이야기들이 재미있다며 무척 좋아했다. 역사의 주인공들이 생각했던 창작의 열정과 극복의 정신을 그대로 엔씨소프트에 적용하면서 회사를 이끌고 있다.

그는 모두가 자신과의 싸움에서 경쟁하고 이겨야만 성공할 수 있다는 가르침을 깨닫고 겸허하게 받아들였다.

엔씨소프트의 성공 전략

엔씨소프트가 성공한 까닭은 무엇일까? 엔씨소프트라고 하면 '리니지'를 떠올린다. 온라인 다중접속 역할 수행 게임 MMORPG로 크게 성공을 거둔 회사가 바로 엔씨소프트다. 엔씨소프트는 성공적으로 새로운 게임을 내놓으며 의욕을 보였지만 '타블라 라사'와 '리니지 3'이 잇달아 실패하면서 회사의 위기를 맞았다. 이 위기에서 벗어날 게임으로 '아이온'에 기대를 걸었다.

그때 마침 스타크래프트 개발자로 유명한 빌 로퍼 등이 분리해 나와 차린 프래그십 스튜디오에서 야심작으로 '헬게이트 런던'을 내놓았다. 이 때문에 김택진은 또 다른 고민에 빠졌다. 그런 상황에서 어느 날 개발팀장이 말했다.

"사장님 '아이온' 출시를 서둘러야겠습니다."

"헬게이트 런던과 대결한다고?" 그러나 사장의 생각을 달랐다. 한국과 미국이 맞붙기 전에, 게임에 스토리를 담아야 한다는 생각이 들었다. '헬게이트 런던'과 '아이온'을 비교해서 경쟁적으로 만들 것이 아니라, 출시를 좀 늦추더라도 완벽한 게임을 만들어야 이길 수 있다는 생각을 한 것이다.

그의 생각은 절묘하게 들어맞았다. '헬게이트 런던'은 너무 많은 외주를 주고 게임 내에 오류도 많아 실패하고 말았다. 그러나 차분하게 준비하고 스토리를 넣어 몇 개월 늦게 출시한 '아이온'이 큰 인기를 끌고 성공하면서 엔씨소프트의 구원투수가 되었다.

김택진 엔씨소프트 대표는 김정주 NXC 회장과 함께 국내 게임 업계의 양대 기둥이라고 불린다. 두 사람은 전공도 다르고 개성이 다르며 하는 일도 다른데 공통점이 많다. 두 사람은 전공을 달라도 서울대 공과대학 출신이라는 점, 국내 게임 산업의 제1세대 CEO라는 점, 2013년 기준 대한민국 '1조 원 자산가 클럽' 28명 안에 들었다는 점 등이 눈에 띄고 손꼽히는 공통점이다.

하지만 두 사람의 리더십은 사뭇 다르다. 업계 사람들은 김정주 회장을 '탁월한 경영 마인드를 가진 전략가'로 꼽는 대신, 김택진 대표는 '철저한 현장 맨, 현장에서 소통하면서 개발하는 CEO'라 부른다. 분당 판교 벤처 단지 안에 있는 엔씨소프트 본사를 찾아가면 단지 안에서는 가장 멋을 낸 건물이라는 첫인상이 한눈에 들어온다. 마치 미국 실리콘밸리의 세계적인 IT 회사에 온 것 같은 느낌이 든다.

'별로'가 대박을 터뜨렸다. '리니지'를 동네 PC방에서 처음 보았을 때, 별로 눈에 띄지 않았다. 눈에 드는 것은 둘째 치고 무엇하나 마음을 끌만 한 것이 없었다. 캐릭터 하나를 화면에 덜렁 던져 놓았다. 그리고 제멋대로 돌아다니는 몬스터를 아무 생각 없이 잡기만 하는 놀이판이었다.

그로부터 3년이 지난 뒤에 다시 만난 '리니지'는 엄청 달랐다. 매혹 덩어리로 변한 모습이 눈길을 끌면서 마음도 사로잡았다. 달라진 '리니지'는 온라인 게임 시장에서 회오리바람을 일으키며 최고의 흥행작 대열로 성큼 다가섰다. PC방에서 업주들은 꽤 많은 현금을 들이면서까지 '리니지' 아이템을 구매하느라고 야단법석을 떨었다. 그만큼 PC방 게임에서 바람을 일으켰다.

'리니지'가 예기치 못한 뜨거운 열풍은 일으키자 사람들은 이 매력적인 게임을 어떻게 받아들여야 좋을지 갈피를 못 잡고 어리둥절했다. 그런 열풍 속에서 다른 업체들은 '리니지'를 흉내를 내며 따라붙으려고 발버둥쳤다.

다시 또 3년이 흘렀다. '리니지'는 또 다른 모습으로 변신했다. 보기에도 산뜻한 3D의 화려한 옷을 갈아입고 '리니지 2'란 이름으로 나타난 것이다. '리니지 2'는 뜨거운 열풍과 함께 엄청난 흥행을 거두며 온라인 게임 시장을 강타하였다.

그러나 복병을 만나면서 휘청거림으로 갈팡질팡 힘든 나날에 빠졌다. 사상 처음으로 명의를 도용하였다는 공격 사태를 맞은 것이다. 언론의 질타와 유저들의 대규모 소송으로 혹독한 대가를 치러야 했다. 엄청난 시련이었다. 그런 와중에서 개발팀의 일부 직원들이 다음 작품으로 준비 중인 '리니지 3'의 핵심 기술을 일본에 유출한 것이다. 한때 한솥밥을 먹으면서 게임을 만들었던 사람들끼리 법적 소송을 벌였다. 결과는 비참하게 흘러갔다. '리니지 3'은 세상에 나오지도 못한 채 배신감의 진흙탕 싸움으로 절망감만 남겨준 채 쓸쓸하게 막을 내렸다.

그러나 그대로 주저앉을 수는 없었다. 살아남기 위해 발버둥쳤다. 드디어 2011년 '리니지'는 오뚝이처럼 다시 일어서면서 전성기 때의 인기를 회복하였다. 게임을 떠났던 유저들이 다시 되돌아오면서, 가슴 아팠던 상처를 털어내면서 전례 없는 중흥 시기를 맞았다.

그리하여 '리니지'는 예전 그대로 변함없는 인기를 누리고 있다. 유저들은 희로애락을 함께 해 왔던 '리니지'를 연인처럼 다시 감싸주었다. 그 이면에는 격동의 한국 게임사를 걸어온 사람들의 뜨거운 눈물과 열정, 그리고 끈끈한 정, 애틋한 꿈의 숨결이 고스란히 담겨 있다.

"솔직히 말해서 '리니지'는 창조와 혁신 같은 거창한 목표 아래 만든 게임은 아니었다. 당시 개발자들은 일종의 '오기' 같은 것이 용솟음쳤다. 우리도 미국의 '울티마'나 일본의 '파이널판타지' 같은 것을 하나쯤은 가져보자는 생각으로 만든 게임이 '리니지'다."

이들에게는 먹고살아야 한다는 생존 본능 같은 것이 더 많이 작용했다. 그처럼 좋은 환경에서 만들어진 게임이 아니다. 외국 게임에 대한 저항감, 온라인 게임에 대한 생소함, 여기에 IMF 경제난 등 현실적인 악조건 속에서 만들어 냈다.

중학교 시절 애플 컴퓨터를 만지면서 컴퓨터 프로그래밍에 흠뻑 빠졌다. 그래서 서울대학교 전자공학과에 들어갔고, 엔씨소프트를 창립했다. 그리고 온라인 게임 '리니지', '리니지 2', '길드워' 등을 만들어 내면서 엔씨소프트를 세계적인 글로벌 게임 기업으로 우뚝 세웠다.

시장 판도를 바꾼 '리니지' 게임

'리니지'는 본래 신일숙 만화가의 작품이다. 이 만화에 감동을 하고 같은 이름의 게임을 만들기로 마음먹고 신일숙 작가를 여러 차례 찾아가 설득한 끝에 드디어 '리니지' 게임 개발 허가를 받은 것이다. 그러나 개발은 생각처럼 순탄하지 않았다.

IMF 위기가 한국을 강타하면서 기업들이 줄줄이 파산하는 사태가 속출하던 때였다. 사실 국내 온라인 게임 개발자 제1세대에게 있어 IMF는 반드시 넘어가야 할 성장통과도 같은 것이었다.

회사가 어려워지자 '리니지' 팀은 구조조정 압박에 시달렸다. 프로젝트를 전면 중단하면서 하루아침에 거리로 내몰리게 생겼다. 만일 이때 제작을 담당했던 팀원들이 뿔뿔이 흩어졌다면 지금의 '리니지'는 아마도 세상에 나오지 못했을 것이다. 그보다도 한국에 온라인 게임 시대가 오지 않았을지도 모른다. 제작팀들이 앞뒤 돌아볼 것 없이 오기 하나로 만들었기에 빛을 본 것이다.

김택진은 모교 서울대학교 초청 강연에서 후배들에게 이렇게 강조했다.

"인터넷은 즐거움과 문화를 제공하는 공간이다. 나는 인터넷을 사람들이 함께 즐기면서 생활할 수 있도록 꾸며 주고 싶었다. 그래서 즐거움과 문화가 가득한 공간으로 만들고 싶었다. 사람들이 인터넷을 단순한 정보의 망으로 알고 있을 때 나는 '엔터테인먼트의 그물'로 보았다."

김택진은 '리니지'를 예쁜 그릇에 담아 세상에 내놓은 사람이다. 그는 엔씨소프트를 창업하고 '리니지'를 본격적으로 서비스하였기 때문이다. 어릴 적에 무척 어려운 가정환경 속에서 자랐다. 소년 시절 품었던 야구 선수의 꿈을 접고 서울대학교 전자공학과에 입학해 대학교 컴퓨터 연구 동아리에서 만난 이찬진과 함께 한글 워드프로세서 개발에 열정을 바쳤다.

그때만 해도 한글로 된 국산 워드프로세서가 없는 상황이라 비싼 돈을 주고 컴퓨터를 사도 업무에 활용할 수가 없었다. 대부분 영어로 된 프로그램을 불법으로 복제하여 쓰는 것이 고작이었다.

그는 동아리에 있는 사람들끼리 모여 '아래아한글'을 개발했다. 하지만 한국 IT 산업을 일으켜 보겠다는 원대한 야망을 품고 개발에 참여한 건 아니라고 그는 스스로 고백했다. 사람들이 좀 더 쉽게 컴퓨터를 써보게 하자는 생각에서 만들었다고 밝혔다.

세월을 끌어당기고 세상을 바꿔보겠다는 거창한 포부 같은 것은 애초부터 없었다. 이들이 처음 업계에 처음 등장했던 1990년대는 인터넷 IT 혁명이라는 시대적 '여망'과 IMF라는 극단의 '위기'가 맞물려 숨 가쁘게 돌아갔다. 한쪽은 마구 잘라내는 구조조정에서 살아남기 위해 게임을 만들었고, 한쪽은 컴퓨터에서 한글을 활용하려고 한글 워드프로세서를 개발했다. 가장 현실적이고 절박한 인식이 맞물려서 '리니지'라는 게임의 울타리로 모여든 것이었다.

김택진 그가 '한글과 컴퓨터'에서 '아래아한글'을 완성한 것은 참으로 필사적인 노력으로 일궈낸 결정체다. 당시 컴퓨터 학원에서 손가락에 땀이 흐르도록 쳤던 '한메 타자교사'도 그가 만든 작품이다. 그는 타이핑 게임 '베네치아'를 만들어 컴퓨터의 한글 보급에도 크게 이바지했다. 대학 졸업 후 그는 현대전자에 입사했다. 현대에서 그는 사내 네트워크 시스템 '아미넷'을 개발해 조직에서도 두각을 나타냈다.

모두가 대기업 생활은 탄탄대로라고 부러워할 때 인터넷 게임이라는 새로운 세계에 흠뻑 빠져버린 그는 미련 없이 직장에 사표를 내고 뛰쳐나왔다. 그때 그의 나이는 서른한 살. 앞길이 보장된 대기업의 초년병이 벤처라는 엄청난 파도의 물결 속으로 몸을 던졌다. 친구들은 하나같이 무모한 도전이라며 비아냥거렸다.

"게임? 그거 해서 밥 먹고 살 수 있을까?"

하지만 그는 이런 따가운 시선을 의식하지 않았다. 강인한 확신이 있었기 때문이다. 그의 확신은 게임이 아니라 '인터넷 속의 즐거움'을 누리자는 것이었다. 그 즐거움을 실현하려는 방편으로 게임을 선택했을 뿐이다. 그러나 벤처 기업의 세상이 그렇게 녹녹하거나 만만하지 않았다. 온라인 게임 개발은 처음부터 꿈도 못 꿀 판이었다.

그래서 게임 회사로 출발한 것이 아니라 소프트웨어 개발 업체로 방향을 설정하였다. 시스템 통합 업무, 국방부 시스템, SK, 천주교구 홈페이지 제작 등 돈이 되는 일이라면 앞뒤를 가리지 않고 맡았다. 그런 일을 하면 할수록 게임 개발의 꿈은 점점 더 멀어져 간다는 것을 느꼈다.

김택진은 초창기의 절박하였던 상황을 이렇게 설명하였다.

"회사가 게임 개발을 막 시작했는데, 돈이 없었다. 투자자를 찾아봤지만, 게임판에 돈을 댈 사람이 만나지 못했다. 모든 계획이 와르르 무너질 상황 같았다. 회사가 어렵다 보니 어쩔 수 없이 집 팔고, 그 돈 빼서 직원들 월급 주고 하니, 결국에는 서버 살 돈만 남더라."

그때 상황은 갈수록 어려워졌는데, 시장을 주도하는 것은 PC 게임이고 온라인 게임은 그 보조에 불과했다. 일부 마니아들이나 즐기는 장난감처럼 여겼다. 그런 온라인 게임에 선뜻 돈을 대겠다는 투자자는 없었다. 자금도 큰 문제였지만 더 큰 문제는 사람이었다.

온라인 게임을 이해하는 사람도 많지 않았고, 만들어 본 사람은 더더욱 드물었다.

그 시절 그가 밝힌 재미있는 에피소드 유머가 있다.

"있는 돈 다 털어 직원들 추석 보너스 주고, 빈손으로 집에 들어갔더니 깜깜한 방에 아이 혼자 자고 있더라. 만약 사업이 잘못되어서 감옥에라도 들어간다면 나 없는 동안 부모님이 잘 키워 주시겠지 하는 생각을 했다. 그만큼 당시 상황은 절박했다."

그런 상황에서 '리니지' 프로젝트를 만났다. 그 순간 무릎을 탁 쳤다.

"바로 이거다!"

그가 찾고 있던 가장 이상적인 게임을 만난 것이다. 아이네트에서는 천덕꾸러기 신세였던 '리니지'가 김택진의 눈에는 미래를 밝혀줄 황금 다이아몬드처럼 보였다. 아이네트에서 '리니지' 팀을 버리려고 하자 아무 거부감도 없이 덥석 받아들였다. 그때 송재경을 영입하였는데, 그 과정이 마치 삼국지에서 유비가 제갈량을 맞아들이는 삼고초려와 비슷하였다.

김택진과 송재경이 만나지 못했다면, 아니 손을 마주 잡지 못했더라면 어떻게 되었을까? 그랬다면 한국 온라인 게임은 적어도 5년쯤 지각했을 것이라고 업계는 평가한다.

서로 만남으로써 두 사람은 수어지교(水魚之交), 마치 물을 만난 물고기처럼 아주 친밀하여 떨어질 수 없는 사이가 되었다. 김택진 대표는 아예 집을 은행에 맡기고 그 돈으로 게임 개발비를 보탰고, 송재경은 밤을 꼬박 밝히며 열정적으로 게임을 만들었다. '리니지' 하나에 두 사람이 자신의 인생을 걸었다. 이렇게 세상에 나온 '리니지'는 게임 시장을 뒤흔들면서 허리케인처럼 엄청난 바람을 일으켰다. '리니지 쇼크'가 일어난 것이다.

"콘솔 게임은 만들기가 힘들었고, PC 패키지 게임은 포화 상태였고, 우리의 경쟁력은 온라인 게임밖에 없었다. 솔직히 그때는 '리니지'란 게임이 어떻게 나올지 만들고 있는 우리도 몰랐다. 일단 만들어서 내놓고 보자. 그게 전부였다."

1997년 리니지 프로젝트를 마무리하고 직원 모두가 벼랑 끝에 선 절박한 심정으로 게임을 완성했다. 2년에 걸쳐 개발하고 열 달 동안 테스트 기간을 거쳐 1998년 9월 서비스를 시작했다. 그런데 그 폭발력 앞에 우리가 모두 기절할 정도로 엄청난 센세이션을 불러일으켰다.

처음의 '리니지'는 요정, 마법사, 군주, 기사로 시작하여. 그 뒤 다크엘프, 용기사, 환술사 등 다양함이 더해졌다. 서비스를 시작한 두 달 만에 동시 접속자 1,000명을 돌파하더니, 1년 뒤에는 1만 명,

2년 뒤에는 10만 명으로 늘어났고, 3년 뒤에는 30만 명을 훌쩍 넘어섰다. '리니지 쇼크'는 게임 업계의 거대한 인기를 뛰어넘어 하나의 사회 현상을 일으켰다.

그는 그때의 놀라움을 이렇게 회상했다.

"어떤 유저가 회사를 찾아와 아이템을 구매하려다 사기를 당했다고 하소연했다. 그때 우리 게임의 아이템이 현금으로 거래된다는 사실을 처음 알고 놀랐다. '리니지' 게임은 더는 개발자 혼자서 주도할 수 없을 만큼 커졌다. 스스로 진화하면서 개발자와 유저가 함께 만들어 가는 게임으로 발전했다."

협동 작업으로 스토리를 만들다

"리니지 게임은 여럿이 모여서 임무를 수행하는 게임이다. 단순히 폼 잡고 아이템 먹는 게임이 아니라, 이용자들이 스스로 콘텐츠를 만들어 나가는 게임이다. 개발자가 만든 콘텐츠 외에 다른 걸 더 많이 할 수 있는 게임, 그것이 재미를 더해 주는 요소이자 매력이다."

그래서 빈자리 여백의 아름다움을 살려주는 동양화 같은 게임 판이다. 개발자가 공급한 콘텐츠를 유저가 소비하는 수동적인 게임 놀이 방식에서 벗어나서 개발자가 만들어 준 것을 유저 스스로 게임을 통해 또 다른 세계를 만들어 갈 수 있다.

협동 작업으로 스토리를 만들다

그러나 어떤 세계가 완성될지는 아무도 모른다. 마치 우리의 역사가 어느 방향으로 흘러갈지 모르는 것처럼 말이다. 다만 게임 속에서 다른 사람과 관계를 맺고, 경제 활동을 하고, 정치를 하면서 자신들만의 이야기를 만들어 낸다. 상대편과 전쟁을 펼치면서 독특한 계급 구조를 보여주기도 한다. 이러한 게임의 흐름은 개인주의 성향이 강한 외국 게임에서는 찾아보기 어렵다.

'리니지' 게임은 서버마다 스토리가 제각각 다르다. 죽도록 싸움만 하는 서버가 있는가 하면, 전쟁하지 않는 서버도 나타난다. 독재자가 등장해 호령치는 서버가 있고, 부하들이 힘을 합쳐 독재자를 몰아내는 서버도 펼쳐진다. 유저들은 상호작용을 통해 각자의 이야기를 만들어 간다. 운영자는 유저가 만드는 역사에 개입하지 않고 조력만 할 뿐이다. 지시하는 대로 따라 하는 수동적 게임에 길든 유저들은 '리니지'의 활기찬 역동성을 경험하고 재미에 푹 빠진다. 이것은 엄청난 파괴력이다.

그래서 '리니지' 쇼크는 전국에 네트워크처럼 깔린 PC방 물결을 타고 횃불처럼 번져 나아갔다. 그 횃불에 시선이 집중되면서 오래 인기를 끄는 행진이 계속되고 있다. 이런 흐름은 강력한 경쟁자에 맞서 '리니지'가 취한 선택과 집중의 전략과 맞아떨어지면서 시장을 지배하였다. '리니지'는 콘텐츠를 남발하지 않았다.

경쟁자들이 새로운 게임을 연속 만들어 내놓은 데도 '리니지'는 후속편을 내놓지 않았다. 더하거나 덜하지도 않고 오직 유저가 원하는 만큼만 내놓았다. 파격적인 콘텐츠로 '리니지'의 중흥을 일으킨 '바포메트'도 유저들의 요구를 정확히 읽고 그에 따르는 시장

관리를 절도 있게 한 결과였다.

'리니지'는 마치 4계절의 변화처럼 각각의 테마로 나누어 재미로운 스토리를 추가하고 있다. 하늘과 땅을 담은 에피소드 2, 다크엘프가 등장하여 삶과 죽음을 엮어내는 에피소드 3 등이 그런 것들이다. 엔씨소프트는 이런 전략으로 2000년 초반부터 스타의 아성을 지켜가면서 줄기찬 성장을 조금도 늦추지 않았다. 그리하여 마침내 코스닥에 상장하여 성공한 IT 회사로 이름을 알렸다.

현재 그의 재산은 3조 1,000억 원으로 추산되고 있다.

온라인 게임의 성공 시대를 열다

한국 온라인 게임 역사를 구분한다면, '리니지 2'가 나오기 이전과 이후로 분류된다. '리니지'가 나왔던 처음 시기는 1세대 천재들의 시대였다. 서울대, 카이스트 출신의 기술과 경영 마인드를 모두 겸비한 1% 천재들이 시장을 이끌었다. 김택진, 김정주, 송재경 같은 인물이 1세대 천재 개발자들이다.

척박한 온라인 게임 시장에서 '바람의 나라', '리니지' 같은 불후의 명작들을 만들었다. 이때가 한국 게임 역사상 가장 화려했던 시절이기도 하다. 세월이 지나 '리니지 2'가 나오면서 시장의 흐름은 또 한 번 소용돌이를 치며 바뀌었다. 더는 천재 몇 명에 의존하던 시절은 끝난 것이다.

"게임은 공학적으로 만들어 냈지만, 결과물은 지극히 감성적이다. 온라인 게임 개발의 궁극적 목표는 이용자가 감성적으로 몰입하고 그 속에서 재미를 느낄 수 있도록 돕자는 것이다. 그게 '리니지 2'를 기획한 배경이다."

게임 산업의 규모가 너무 커졌다. 수백억 원의 자본과 수백 명의 개발자가 투입된 거대 프로젝트 시대로 성장한 것이다. '리니지'는 성공했지만, 여전히 중요한 업무는 김택진, 송재경에게로 집중되었다.

김택진 대표는 엔씨소프트의 미국 진출을 위해 송재경 부사장을 현지로 보냈다. 남은 문제는 국내 사업이었다. 송재경이 해외에서 보내는 시간이 많아질수록 '리니지' 후속 작품 개발이 늦어졌다.

그래서 김택진은 중대한 결단을 내렸다. 배재현 부사장을 중심으로 '리니지 2' 프로젝트팀을 새로 구성하고 모든 일을 맡긴 것이다. 당시 배재현 PD는 현대전자 재직 시절 김택진 대표와 만나 함께 엔씨소프트를 세운 창업 공신이다.

김택진은 언론 인터뷰에서 이렇게 밝혔다.

"배재현은 늘 학습하고 노력하는 인재로서 엔씨소프트를 한국 1위의 기술력을 보유한 게임사로 만드는데 크게 이바지했다. 앞으로도 우리 회사를 떠받치는 중심 기둥이 될 것이다."

김택진은 스스로를 '노력형', '학습형' 개발자라고 말하면서, 항상 배우는 자세로 직원들을 대한다. 이렇게 하여 '리니지 2'는 시작부터 새로운 동력을 얻고 파격적인 행보를 거듭하며 그래픽을 3D로 바꾸는 작업부터 단행하였다. 안전한 2D로 만들자는 내부의 의견도 있었지만, 혁명가처럼 끝까지 밀어붙였다.

엔씨소프트에서 '리니지'를 3D로 만들고 있다는 소문이 퍼지면서 업계는 긴장하고, 유저들은 기대를 걸었다. 그런 놀라움과 기대와 우려를 안고 '리니지 2'는 그 모습을 드러냈다. '리니지 2'는 종족 개념을 도입한 새로운 작품이다. 초반에는 오크, 드워프, 인간, 다크엘프, 엘프 종족이 등장한다.

2000년 12월경 개발에 들어간 '리니지 2'는 2002년 도쿄 게임 쇼에서 첫선을 보였다. 현장에서의 반응은 정말로 놀랍게도 폭발적이었다. 3D 캐릭터의 화려한 움직임은 그 자체만으로도 신기함으로 경탄을 자아냈다. 하지만 주변에서 찬사가 높아질수록 엔씨소프트는 안으로 무척 초조함을 느끼었다.

수백 명의 3D 캐릭터들이 한곳에 모여 작업한다는 것 자체가 기술적으로 가능할까? 그 많은 오프젝트를 어떻게 감당해 낼 수 있을까? 여러 가지 예상 문제들이 쏟아지는 것이었다.

'리니지 2'부터는 만화 원작의 스토리에만 의존하는 종래의 방침에서 벗어나기 위해 선을 그었다. '리니지' 이전 시대를 배경으로 삼으면서 게임 안에 새로운 스토리를 넣어 게임의 주도권을 유저들에게 모두 바쳤다.

'리니지 2'에서 가장 충격적이었던 일은 단연 여자 드워프였다. 귀엽고도 깜찍한 외모로 유저들의 시선을 사로잡으며 독특한 재미를 안겨준 것이다. '리니지 2' 드워프 종족이 선보인 뒤에도 테라의 엘린족, 블레이드앤소울의 종족으로 한국 온라인 게임에서 귀여운 캐릭터가 등장하며 시장의 주도권을 계속 잡았다.

한국 온라인 게임 역사는, 김택진 대표가 개발한 '리니지2'가 나오기 이전과 이후로 구분된다고 평가되고 있다.

청소년 게임에 새 바람 일으켜

김택진은 모교인 서울대학교 초청 강연에서 후배들에게 이렇게 강조하였다.

"서양 사람들이 보면 우리나라 인터넷 문화가 어지럽고 조잡한 난장판에 가까울지 모르겠다. 그러나 여러 사람이 어울리는 문화가 한국 게임에서는 역시 인기를 끈다. '리니지 2'는 자체적으로 시나리오를 제공하지 않고, 사용자들이 시나리오를 만들어 가면서 새로운 세계를 꿈꾸고 개발하도록 유도하는 게임이다. 또한, 와우는 시스템적으로 멋진 게임 경험을 심어줄 수 있는 쪽으로 발전된 게임이다."

'리니지 2'는 개발사의 특권인 스토리텔링마저 유저들에게 맡겼다. 시작부터 유저들의 뜻을 반영하면서 모든 것을 만드는 방법이다. 이것은 한마디로 모험이었다. 그래서 일부에서는 위험한 일을 하고 있으므로 틀림없이 실패작이 나올 것이라 비아냥거렸다.

2003년 7월, 드디어 '리니지 2'가 새 모습을 드러냈다. 상대 회사의 신제품을 누르기 위해 '리니지 2'의 개발을 알리는 오픈 일정을 앞당기는 치밀함도 보였다. 그런데 뜻밖에도 상대 회사의 신제품이 늦어지면서 맥이 빠지는 아쉬움과 함께 오픈하자마자 서버 내권력자에 항거한 '왕 전쟁'이 3D 그래픽으로 화려하게 펼쳐졌다.

'리니지 2'는 오픈 이후 '방송국 혈맹의 멸망', '스피드혈과 일심동맹', '올포원 민중봉기' 등 굵직한 전쟁 이야기들을 만들며 주목을 받았다. 유저들은 마치 현실의 역사처럼 게임 속 스토리텔링에 빠져들어 갔다. 그러면서 이제까지 경험하지 못한 일들이 실제 상황인 것처럼 바츠 서버에서 벌어졌다.

게임 속 피지배 계층들이 서버를 장악한 거대 권력자들을 몰아내는 최초의 사건이 벌어진 것이다. 이 전쟁은 한국 온라인 게임 역사에 엄청난 영향을 던져 주었다. 유저들은 '내복단'이라는 시위대를 결성해 거대 혈맹의 횡포에 맞서 대항하였다. 그러자 각종 구설수에 휘말렸다. 폭력성과 선정성을 이유로 청소년 불가 판정을 받았다. 아이템을 습득하기 위해 상대 캐릭터를 죽이는 PK 행위가 잔인한 폭력성이라며 지탄을 받은 것이다. PC방에서는 불매 운동이 일어났다.

내복단은 주요 지점에 인간 바리케이트를 치고 거대 혈맹을 상대로 시위를 계속했다. 당시 바츠 서버를 주름잡았던 DK 혈맹은 내복단의 거센 저항에 부딪혀 백기를 들고 말았다. 다른 게임에서 절대 볼 수 없었던 최초의 온라인 시민혁명에 극적인 성공을 거둔 것이다. 바츠 이야기는 해방전쟁, 게임뿐만 아니라 사회적으로도 큰 이슈를 불러일으키면서 역사상 가장 뜨거운 시대를 맞았다.

많은 매체에서 "사이버 세계의 시민혁명"이라 보도했고, 학자들도 이 사건을 표본 삼아 '디지털 스토리텔링'을 연구하는 새로운 국면으로 접어들었다. 게임 자체의 흥행에도 크게 기여했다. 바츠 해방전쟁 이후 '리니지 2'의 동시 접속자는 10만 명을 돌파해 모든 작품을 앞지르는 수준에 올랐다.

전쟁은 2004년부터 시작해 2006년까지 진행됐다. 2006년 5월, 전쟁의 주역인 DK 혈맹 총군주 아키러스(캐릭터명)는 혈맹을 자진 해산하면서 길고 긴 전쟁에 마침표를 찍었다.

그해 12월엔 대한민국 게임 대상 대통령상을 수상하는 영광을 안았다. 청소년 불가라는 낙인이 찍힌 '리니지 2'가 대한민국 게임 대상 대통령상을 수상하는 바람에 땅에 떨어진 체면을 되살리면서 '명예'까지 동시에 얻었다. 동시 접속자는 날이 갈수록 늘어나 2008년에는 최대 동시 접속자 15만 명을 돌파하는 대기록을 세웠다. 엔씨소프트는 바츠 서버 혁명으로 그해 여름을 뜨겁게 불타는 계절로 바꾸어 놓았다.

그러던 중 '리니지 2'는 게임 업계뿐만 아니라 우리나라 사회 전체를 깜짝 놀라게 하며 선풍을 일으키는 열기의 바람으로 '리니지'

가 이루지 못했던 해외 수출 쪽에도 날개를 달고 성과가 나타났다. '리니지 2'는 2011년 1분기 전 세계 해외 누적 매출 1조 원을 넘어섰다. 엔씨소프트는 그렇게 영광과 사고의 톱니바퀴를 오고 가며 회사가 성장해 나갔다.

현실로 이어진 게임 현상

유저들의 열정은 게임 안에만 머물러 있지 않았다. 현실에서도 화끈한 커뮤니케이션을 만들면서 유저들 사이에 숱한 미담을 남겼다. 이런 일이 있었다. '리니지 2' 사용자의 어머니가 사고로 중상을 입는 사고가 발생하였다. 수술비는 수천만 원이 필요한데, 그의 집안이 넉넉하지 않아 수천만 원에 이르는 수술비를 감당하기가 어렵다는 사연이 전해졌다. 그 딱한 소식에 혈맹 유저들이 자발적으로 성금을 모아 수술비를 보태 주는 아름다운 일이 벌어졌다. 이 중에서는 그 사용자와 게임에서 적대 관계에 있던 혈맹들도 돈을 모아 보냈다.

그들은 이런 말을 남겼다.

"게임에선 서로 적으로 여길지 모른다. 하지만 현실에서는 같은 게임을 즐기는 동지들인데, 어찌 어려운 사연을 모른다고 할 수 있는가."

어려운 가정 형편 때문에 결혼식을 올리지 못했던 '리니지 2'의 한 부부 유저의 사이버 결혼식을 올려준 흐뭇한 이야기도 있다. 이들의 어려운 사연을 알게 된 동료 게이머들은 부부를 위한 선물로 사이버 결혼식을 마련해 준 것이다. 더구나 이들 부부가 교통사고를 당해 남편은 반신마비가 되고 사회생활이 어려워지자 남편의 신경치료, 정신건강을 위해 '리니지 2'를 만나게 된 것을 계기로 게임 속의 사람들과 우정을 나누고 있다. 이러한 현상들을 개발자 자신들도 전혀 예측하지 못한 일이다.

2006년 E3 게임 쇼에서 김택진 대표는 이런 말을 했다.

"게임의 구조를 속속들이 알고 있는 나조차도 유저들이 만들어가는 이야기를 감히 예측하지 못했다. 바츠 전쟁을 보면서 마치 게임이 스스로 살아서 꿈틀대고 활동하는 것 같아 찌릿한 전율을 느낀다."

'리니지'의 흥미진진한 디지털 스토리텔링은 예술 작품에도 영향을 주었다. 경기도 미술관에서 열린 바츠 혁명 전이 바로 그 경우이다. 공학적으로 만들어지지만, 결국은 감성적으로 몰입하는 게임이다. 배재현 부사장이 애초에 기획했던 의도가 정확히 맞아떨어졌다. 2002부터 2004년까지 3년간, 한국 게임 시장은 오로지 엔씨소프트 '리니지 2'의 독점 무대였다.

하지만 그 빛나는 역사만큼 그늘도 많았다. '리니지'는 태생적으로 현금 거래에서 예상하지 못한 어려움을 많이 겪었다. 게임 안에서 잘 나가는 아이템은 현금으로 수천만 원에 팔려나간다. 지금도 아이템 거래 중계 사이트를 보면 '리니지' 아이템 거래가 가장 활발하다. 그러다 보니 '리니지' 아이템을 팔아 돈을 벌어 보겠다는 작업장들이 여기저기서 우후죽순처럼 생기기 시작했다. 작업장은 게임을 좋아하는 청소년들의 값싼 노동력을 이용해 '리니지' 아이템을 모으고, 이를 시장에 팔았다.

그러나 엔씨소프트는 아이템 현금 거래를 철저하게 금지했다. 유저들의 아이템 현금 거래 행위가 드러나면 계정 삭제 등의 강경한 조치로 다스렸다. 거래하다가 계정을 정지당한 유저들이 회사로 찾아가 항의하는 일이 자주 벌어졌다. 어떤 때는 유저들이 회사 앞에서 시위를 벌이거나, 집단 소송까지 제기했다. 처음 아이템 현금 거래 문제가 지적됐을 때보다 근본적인 대책을 내놓지 않고 무조건 금지로 일관한 것이 그런 극한 사태까지 가져오는 원인이 된 것이다.

그로 인하여 결국 2006년 2월에는 '리니지'에서 대규모 명의 도용 사태가 터지면서 그동안 음지에서 슬금슬금 진행되던 작업장과 아이템 시장의 실체가 드러났다. 이런 사태는 엔씨소프트의 허술한 이용자 정보 관리와 음성적 아이템 시장에 대한 외면이 불러온 비극이다.

이 밖에도 게임에 지나치게 몰입하거나 온라인 게임에서 벌어지는 시비도 불거지면서 현실에서 만나 실제로 싸우는 사태로 발전하기도 했다. 이런 사건들이 벌어지면 늘 '리니지'에게 그 화살이 돌아왔다. 어쩌면 한국 사회의 고질적인 나쁜 버릇들을 가장 많이 닮은 곳이 바로 '리니지'인지도 모를 정도이다

하지만 '리니지'는 게임 개발자의 직업 윤리에도 큰 교훈을 던져주었다. 2007년 4월, '리니지 3'의 핵심적 정보가 외부 게임사에 유출된 사건이 벌어졌다. 몇몇 개발자들이 '리니지 3'의 정보를 해외 게임사에 유출하려다 발각되자 회사가 발칵 뒤집혔다.

이는 회사의 모든 역량이 투입된 간판 프로젝트가 고스란히 적에게 넘어간 것이나 다름없는 엄청난 사건이었었다.

김택진 대표는 한 매체와의 인터뷰에서 이렇게 밝혔다.

"이때 받은 충격과 배신감은 이루 말할 수 없었다. 엔씨소프트가 10년간 달려오며 이룩했던 노력과 기술의 결정체를 다른 곳도 아닌 일본 업체에 넘기려는 움직임 자체가 너무도 끔찍한 일이다."

이 유출 사건으로 '리니지 3'의 프로젝트는 잠정 중단될 수밖에 없었다. '리니지'는 유저들의 회귀 본능이 가장 강한 게임이다. 유저들이 다른 게임을 하더라도 늘 '리니지'로 돌아오기 때문이다. 그래서 지금 제2의 전성기를 맞았다. 동시 접속자 22만 명을 돌파했고, PC방 게임 순위도 여전히 10위권 안이다. 또래의 게임들은 이미 무덤으로 들어갔는데, 혼자만 젊은 게임 못잖게 왕성한 활동력을 보여준다.

업계에선 '리니지'의 장수 비결을 여러 각도에서 연구하고 있다. 장수 비결로는 '왕성한 변화와 혁신', '대규모 콘텐츠', '유저 중심의 철저한 운영', '소통과 커뮤니케이션', '강력한 브랜드 파워' 등 여러 가지 요인을 꼽는다.

왜 그럴까? 사실 '리니지'만큼 유저들의 회귀 본능이 강한 게임은 드물다는 것이다. 게임을 접을 수는 있어도 지우지는 못한다는 것이 그 변명과도 같은 이유이다. 다른 건 다 지워도 '리니지'는 꼭 PC에 남겨 놓는다. 언젠가는 다시 와서 하겠다는 생각에서 그렇게 한다.

우리나라 온라인 게임 1세대 유저들은 대부분 '리니지'로 게임을 시작했다고 해도 지나친 말이 아니다. 온라인 게임이란 단어조차 낯선 그 시절에 '리니지'는 우리의 정서가 들어간 첫 국산 게임 작품을 선사했다. 좋든 싫든 '리니지'에서 온라인 게임을 처음 접한 사람들이 대다수다.

게임 운영자들은 유저들과 항상 호흡을 맞춘다. 유저들의 '리니지' 보스 공략 성공에 꼭 축전을 보낸다. 게임 속에는 함께 즐겼던 사람들과의 추억이 지워지지 않고 그대로 남아 있다. 그래서 '리니지'는 사람에 대한 추억이 많은 게임이라고 말한다.

동시 접속자 10만 명 달성, 1조 원 매출 돌파 같은 거창한 성과를 자랑거리로 꼽기보다는 단 한 명의 유저가 탈퇴하는 것을 더 가슴 아프게 기억한다. 이것이 사람에 대한 추억이다.

이런 추억들이 차곡차곡 계단을 높이 쌓아 올리고 있다. 그것이 바로 '리니지'의 성장 계단이다.

지혜로운 신념과 도전 정신

김택진 대표는 깊은 생각에 잠겼다.

"현대 경쟁 사회에서 살아남으려면 어제보다는 오늘에 충실하고, 오늘보다는 내일을 바라보는 눈이 있어야 하며, 미래보다 더 한 발 앞서는 식견을 가지는 그야말로 지혜로운 신념이 있어야 한다."

그 방편으로 고도의 예리한 통찰력을 강조했다. 그런 신념을 갖추지 않고서는 설사 성공의 기회가 온다고 해도 그 기회를 잡기 어렵고 또한 잡는다 해도 성공 신화를 이어가기 어렵다고 본 것이다. 그래서 쓰러졌다가도 다시 일어서는 오뚝이 정신이 중요하다고 말하면서 스스로 실현하는데 계속 힘썼다.

네트워크 시대의 소프트웨어 게임 분야의 챔피언이 되자고 선언했다. 엄청난 모험에 도전한 것이다. 그런 의지와 도전정신이 없다면 그 어떤 일도 이뤄내기 어렵다고 다짐하였다. 치밀하게 계획하고 과감하게 추진했다. 그러나 힘든 고비가 많았다. 설령 보통 사람들의 한계성을 뛰어넘는 통찰력, 추진력, 응용력을 지녔다 해도 어려움의 고비를 슬기롭게 헤쳐나간다는 일이 무척 힘들었다.

일에 대한 도전 정신과 사람을 배려하는 희생정신은 그 누구보다도 투철하고 강했다. 도전은 안 되는 일이라 해도 이뤄보겠다는 의지의 발로이고, 희생은 남을 섬기는 것이라고 많은 사람이 말한다. 하지만 그런 것이 아니라 자기를 위한 것으로 생각했다. 도전을 그 누가 대신해 주는 것이 아니고 또 남을 섬기는 것도 대신할 사람이 없다. 오직 나 스스로 일에 도전하고 희생하면서 극복하고 성취하여야 하는 것들이다.

"자기를 섬기고 남을 위해 봉사하고 희생하는 사람이 실패하는 일은 이 세상에 존재하지 않는다!"

그는 일에 도전하고 사회에 희생하는 사람만이 승자(勝者)가 된다는 신념이 종교보다 더 강하다. 그런 신념으로 상대방의 입장에서 자신을 되돌아보고 생각하라고 강조했다. 모든 일을 항상 이용자의 입장으로 생각해 보고, 이용자 한 사람에게도 불편함이 있어서는 진정한 소프트 개발자가 될 수 없다는 점을 늘 강조하면서 먼저 나 자신이 일차적인 고객이 되어야 한다고 말한다.

엔씨소프트 이용자들이 무척 까다롭고 이지적인 고객이라고 생각하고 프로그램 개발과 서비스를 하고 있다.

"어떤 프로그램을 선택할까? 나의 취향에 맞는 게임은 어느 것일까? 어느 게임 프로그램이 더 화끈하고도 재미있으며 건전할까?"

그는 이런저런 문제에 대한 의문과 해답이 자연스럽게 일어나고 있는 CEO이다. 소프트 이용자들은 그런 궁금증에 쉽게 접근할 때 회사를 믿는다. 고객의 입장이 되어 고객을 설득하는 일은 바로 도전과 봉사, 그리고 희생정신에서 나온다. 도전과 봉사와 희생의 의지가 분명하고 확고할 때 이용자들도 감동하면서 마음을 열고 따라준다는 것이 김택진의 생각이다.

"이용자들로부터 신임을 얻고자 한다면 당신이 우수한 태도로 서비스하고 있다고 자신감을 가져라."

그는 게임을 하려는 이용자들이 게임 프로그램을 거부할 때 우리의 존재 가치는 의미가 없어진다고 강조한다. 경쟁 사회 속에서는 한발 앞서 나가는 것이 경쟁에서 이기는 것이 된다고 생각한다. 그의 이런 생각은 바로 성공 전략이고 철저한 서비스 정신이다. 이는 바로 엔씨소프트의 기업 철학이다.

성공하는 비결은 고객을 위한 서비스가 최우선이라는 것이다. 첫째도 서비스, 둘째도 서비스, 셋째도 서비스라는 말이다. 서비스라는 말을 세 차례 거듭 반복하는 것은 그만큼 중요하다는 것이다. 똑같은 말을 세 차례나 연달아 강조하는 것은 그만큼 간절하고도 또 자신감이 있는 게임 프로그램을 내놓자는 소망이기도 하다.

엔씨소프트는 이 세상에서는 가장 질 좋은 프로그램을 개발하여 이용자들이 몰입하고 열광토록 서비스를 제공하는 것임을 그대로 보여주는 것이다. 좋은 프로그램을 내놓는 것은 이용자를 위해 최대의 서비스를 하는 일이다. 그런 일을 하지 않고도 돈을 벌 수 있는 기업은 존재하지 않는다. 가장 질 좋은 서비스는 탁월한 프로그램을 제공해 주는 일이다. 이를 위해 최선의 노력을 기울여야 한다고 늘 강조한다. 엔씨소프트만이 홀로 이용자들의 마음을 사로잡고 글로벌 시장을 휘저으며 달리는 것은 절대 아니다. 이용자들이 워낙 영특하고 이지적이기 때문에 그럴 수는 없다.

"일을 스스로 만들어라. 도전하지 않는 사람은 성공을 거둘 수 없다." 그가 강조하는 말이다. 그래서 업계 사람들은 "엔씨소프트는 도전 의식이 강하다."라는 말을 많이 한다. 이 말을 일반 이용자들은 물론 상대 업계에서도 많이 한다. 사실 그런지도 모른다.

"인간의 가치는 인력+자본+열정+능력이다. 업무에 대한 열정이 없으면 그 사람의 가치는 제로 곧 0이다."

미국의 경제학자 로빈스의 이론이다. 그러나 모든 일에서 업무에 대한 열정이 없으면 그 사람의 가치도 없다는 말은 너무 심하다고 여기는 사람도 많다. 그런데도 김택진은 그 말에 큰 의미를 두고 있다. 그럴 만한 이유는 이렇다.

"업무에 대한 열정이 없는 사람은 자기에게 주어진 일도 대강대강 한다. 하루의 일과도 그렇고 한 달의 과제도 역시 마찬가지이다. 그런 사람의 일과는 그날그날 시간 채우고, 까다로운 업무 적당히 피하고, 점심시간 기다리고 퇴근 시간 기다리고, 월급날 손꼽는 사람에게는 미래 보장이 없다. 그런 사람에게서 무엇을 기대하는가?"

업무에 대한 열정은 바로 업무 추진에 대한 바탕이다. 일에 대한 열정이 있어야 효과가 나타나고 성적이 오른다. 하물며 경쟁 사회에서야 더 말할 것도 없다. 스스로 수재라고 믿고 공부를 열심히 하지 않는 학생, 선생님 이야기를 열심히 귀담아듣지 않는 학생은 성적이 오르지 않는다. 이는 초등학생도 잘 안다.

"열정은 능력을 이긴다. 열정을 두려워하지 마라. 가슴 가득한 열정으로 일하는 사람은 성공한다."

김택진이 늘 강조하는 말이다. 이 말은 그의 전문용어가 아니라, 여러 계층의 CEO들도 똑같이 말한다. 모두에게 두루 적용되는 말이기 때문이다. 열정이 뜨거운 사람이 많을수록 일하는 분위기가 뜨거워지고 능률도 오른다. 반대로 열정이 부족하거나 없으면 일을 하는 것보다 쓸데없는 말만 늘어놓게 된다.

우리 주변에는 열정이 능력을 다스리고 성공하는 사람들을 자주 본다. 젊은 시절에는 열정보다 능력을 앞세우는 경우가 대부분이지만, 세월이 흐를수록 능력보다는 열정이 성공의 원동력임이 드러난다. 우리 주변에서는 능력을 믿고 일을 소홀히 하는 사람보다는 능력은 좀 부족해도 열정을 쏟아 가며 열심히 일하는 사람들이 더 좋은 성과를 올리는 경우가 종종 있다.

성공은 사람의 재능에 의해 결정되기보다는 열정에 따라 결정된다. 열정은 우리의 의지를 더 강하게 하고 우리의 생명을 더 힘차게 만들어 준다.

아무리 좋은 제품을 만들어 내도 그것을 고객에게 제대로 설명하지 못한다면 그 제품의 가치는 제 빛을 내지 못하게 된다.

김택진의 열정과 자신감은 모든 것을 수용하고 녹여낸다. 그 열정과 자신감으로 시장의 문을 열고 글로벌 사람들에게 정성을 쏟는다. 그 뜨거운 열정으로 지구촌 사람들이 엔씨소프트를 믿게 하였다.

"열정은 다른 사람을 타오르게 하는 신념의 불꽃이다."

온라인 게임에 대한 그의 열정은 날이 갈수록 점점 뜨겁게 활활 타오른다. 그 불꽃은 모든 사람을 따뜻하게 해주는 감동의 빛으로 세상을 밝혀 준다. 도전 의식이 강한 사람은 창조의 열기가 뜨겁다. 오늘날 지구촌 경쟁 사회 속에서는 도전, 창조, 책임이 더욱 중요한 요소로 꼽히고 있다.

능력이 모든 것을 지배하는 시대는 지나갔다. 능력은 조금 부족하다 해도 일에 대한 도전 의식이 강하고 창조의 열기가 뜨거운 사람은 일에 대한 책임정신도 강하다고 그는 믿고 있다.

▲ 엔씨소프트의 김택진 대표

- 1967년 출생
- 서울대학교 공대 전자공학과 학사 및 석사 졸업
- 서울대학교 대학원 컴퓨터공학과 박사과정 중퇴
- 서울대학교 컴퓨터 연수회 활동
- 아래아한글 공동 개발
- 한메소프트 창립
- 현대전자 입사 보스턴 R&D 센터 파견 근무
- 현대전자 국내 최초 인터넷 온라인 서비스 개발팀장
- 엔씨소프트 창립
- 엔씨소프트 대표이사 및 CEO
- 즐기는 운동: 야구
- 프로야구 NC다이노스 구단주
- 대통령 직속 미래기획위원회 민간위원
- 비즈니스 위크 2001년 아시아의 스타상
- 세계경제포럼 선정 2002년 아시아 차세대 리더 18인
- 한국산업기술진흥협회 2003 최고 경영자상
- 대한민국 문화콘텐츠 해외진출 유공자 포상 대통령 표창

제5장

넷마블 이사회 방준혁 의장

제5장

넷마블 이사회 방준혁 의장

고교 자퇴 후 넷마블 창업

방준혁은 1968년 서울 구로구 가리봉동에서 태어났다. 고교 2학년 때 "시험 점수 성적에 매달리는 바보짓을 더 이상 하고 싶지 않다"며 자퇴한 괴짜, 직장을 다니다가 30세 젊은 나이에 인터넷 영화 사업을 시작했지만 실패했다. 다음 해 위성 인터넷 사업으로 재도전했지만 셋톱박스 등 기반 시설을 구축하는 데 드는 비용을 감당하지 못해 또 무너졌다. 이후 게임 기업 아이팝소프트 사외이사로 들어가 와신상담하며 재기를 노렸다.

32세에 넷마블을 설립하여 넷마블 대표를 맡았고, CJ 인터넷 사업전략담당 사장, CJ E&M 게임 부문 총괄상임고문을 역임하였고, 다시 넷마블 이사회 의장을 맡고 있다. 2017년 상장 이후 한국 10대 주식 부호로 IT 산업계에 혜성처럼 등장했다.

2017년 상반기 넷마블 상장을 통해 시가총액 13조 원, 100억 달러를 기록하며, 단일 게임 사상 첫 매출 1조 원을 돌파하는 기적을 일구었다.

게임회사 넷마블은 2000년 자본금 1억 원과 직원 8명으로 시작했다. 2002년 부분 유료화 과금 방식을 한국 PC 온라인 게임 시장에 최초로 도입했다. 첫 작품은 '캐치마인드'.

그로부터 3년 뒤에 넷마블 사업 확대 자금을 마련하기 위해 상장기업이던 플래너스 엔터테인먼트의 자회사로 들어갔다. 이때 넷마블의 이름은 '플래너스'로 바꾸었다. 그런 다음 모회사인 플래너스 엔터테인먼트 지분을 흡수했다. 이 결정으로 넷마블은 플래너스 엔터테인먼트가 보유하고 있던 콘텐츠 기획과 생산, 마케팅 등에 대한 노하우를 고스란히 흡수하면서 사업의 발판을 다졌다.

넷마블은 CJ그룹에 편입되어 이름을 CJ인터넷으로 변경했다. 그 대가로 800억 원에 이르는 주식 부자 반열에 올라섰다. 3년간 CJ인터넷 경영권을 보장받은 그는 2006년 건강이 나빠져 CJ인터넷 사장에서 물러났다. 5년간 야인 생활을 한 그는 건강이 회복되자 이사회 요청을 받아들여 2011년 CJ E&M에 총괄상임고문으로 복귀했다.

연매출 1조 원 기업으로 키워

기업 수완을 발휘하여 CJ넷마블을 물적 분할해 자회사인 CJ게임즈와 통합하면서 CJ넷마블 최대 주주가 되었다. 2014년 10월 CJ넷마블의 이름을 넷마블 게임즈로 바꾸고, 이사회 의장을 맡아 모바일 게임에 주력하면서 넷마블 게임즈를 연 매출 1조 원 기업으로 키워냈다.

2017년 5월 기업공개를 단행 2조 6,600억 원의 자금을 마련하고,

시가총액 13조 원을 돌파하면서 업계의 이목을 끌었다. 2017년 연결 기준으로 매출 2조 2,987억 원을 기록하며, 대한민국 게임 업계 매출 1위로 우뚝 섰다.

2018년 2월 카카오 게임즈와 게임 사업 협력 및 제휴를 위해 500억 원을 투자해 지분 5.76%를 확보하는 놀라운 솜씨도 보여 주었다. 이렇게 하여 영업 기반을 확고하게 다진 그는 2018년 3월 주주 총회에서 기존 넷마블 게임즈였던 회사명을 넷마블로 바꾸고 재도약을 선포했다.

2020년 2월엔 웅진코웨이 지분 25.08%를 1조 7,400억 원에 인수하고, 코웨이 이사회 의장으로 선임되었다.

자본금 1억 원, 직원 8명으로 출발한 넷마블은 지금 시가총액 13조 원대의 거대 기업으로 발전되었다. 여기엔 동물적 감각으로 캐주얼 게임·모바일 등으로 시대를 선도한 탁월한 지혜가 숨어 있다.

방준혁 넷마블 이사회 의장과 신사옥(뉴스투데이)

남다른 길 걷는 흙수저

방준혁 의장은 늘 남다른 길을 걸어왔다. 다른 게임 업계 1세대 수장들이 훈장처럼 자랑하는 명문대 졸업자도, 금수저도 개발자 출신도 아니다. 고교 중퇴, 흙수저 출신이다. 누구보다 빠른 판단으로 성공 가도를 달려왔다. 모바일을 먼저 바라보고 해외 진출을 집요하게 노렸다.

그는 한동안 '중졸 출신' '고등학교 2학년 자퇴'의 꼬리표를 달고 다녔다. 그러다가 뒤늦게 경희대 건축공학과를 나왔다.

그는 청소년 시절을 굴곡진 인생으로 보냈다. "성인이 될 때까지 집에서 살아본 적이 없다."라고 스스로 밝혔다.

가난한 집에서 흙수저로 태어난 그는 초등학교 시절 학원에 다니고 싶었으나 학원비가 없어 스스로 신문 배달을 하면서 반년 동안 돈을 모으기도 했다. 그런데도 관심은 누구보다 다양했고, 그만큼 남다른 인생을 살고 싶었다.

경기도 전방에서 군대 복무를 마치고 병장으로 제대한 뒤에 중소기업에 취직했지만, 마음에 들지 않아 스스로 창업을 계획하고 몇 년간의 준비를 거쳐 1998년 첫판을 펼쳤다. 시네파크라는 주문형(VOD) 서비스였다. 지금의 넷플릭스와 비슷한 개념이다. 하지만 시대를 너무 앞서간 탓에 흔들렸다. 그때 인터넷 속도로는 동영상을 원활히 배급하기가 사실상 불가능했다. 1년 만에 사업을 접고 고민하다가 다시 도전해 위성 인터넷 방송 '스카이 시네마'를 내놓았다.

기술은 뛰어났지만, 자금이 부족했다. 한창 붐을 일으켰던 벤처 열풍이 꺼지고 거품이 내려앉던 시기라 투자자를 만나기 어려워 또다시 무릎을 꿇고 말았다.

탁월한 기업 수완으로 대박

두 차례나 거듭 실패의 고배를 마신 그는 여기서 동물적 감각으로 게임 업계에 눈을 돌렸다. 대규모 설비가 필요 없고, 콘텐츠도 직접 공급할 수 있는 분야라고 여기고 과감하게 달라붙었다. 그로부터 사업가로서의 기질과 진가를 보여 주었다. 그때 게임 시장은 한게임(현 NHN), 엔씨소프트, 넥슨 등이 장악하고 있었다. 이들과 경쟁하려면 차별화가 필요했다.

PC가 가정에 보급되기 시작하면서 청소년을 비롯한 젊은 층의 수요가 커질 것으로 확신하고 그들을 대상으로 삼고 '하기 쉬운 게임'에 승부수를 던졌다. 테트리스, 알까기부터 캐치마인드까지 간단한 무료 게임을 쏟아냈다. 그런 전략이 맞아떨어지면서 인기를 독차지하고 대박이 터졌다.

경쟁사의 게임을 유통하는 퍼블리싱 사업도 국내 최초로 선보였다. 당시로써는 상상조차 하지 못했던 아이템으로 불가능하다고 여겼지만, 자체 개발 비용을 줄일 수 있고 게임을 시장에 내놓는 출시 주기를 단축할 수 있다는 확신에서 안성맞춤이라고 여겼다. 그의 생각은 적중했다. 사업을 시작한 지 2년 만에 국내 회원 수

1,000만 명을 끌어모았다. 부분 유료화, 문화상품권 결제 등도 연이어 선보이며 매출을 올리는데 한몫했다. 사업은 날개를 단 듯 승승장구하면서 넷마블은 2004년 CJ그룹에 800억 원에 매각했다.

그러나 탄탄대로를 걷던 넷마블도 위기가 다가왔다. 그가 건강 악화로 경영 일선에서 손을 떼고 요양하는 중에 넷마블은 부진 상태에 빠졌다. 자체 개발한 신작 아이템 19개가 모두 외면당하고 최대 수익원이던 1인칭 사격(FPS) 게임 '서든어택'의 서비스도 다른 회사로 넘어가고 말았다.

CJ이사회는 그를 구원투수로 다시 모시기로 하고 초대했다.

주변에서는 "거덜 난 회사에 뭐 하러 다시 들어가느냐?"라고 경영 복귀를 말렸지만 방준혁은 "엔진만 고장 났을 뿐이다. 고치면 핵잠수함이 될 수 있다. 5년 안에 매출 1조 원을 달성하겠다."라며 구원투수 요청을 받아들였다.

그때 방준혁은 "어머니 상중이었지만 자식이었던 넷마블의 숨이 깔딱깔딱할 때 허겁지겁 달려왔다."라는 말로 당시 심정을 털어놓았다.

그는 경영에 복귀하면서 모바일 게임을 새로운 성장 동력으로 삼고 임직원들에게 강도 높은 근무를 요구하며 스스로 앞장섰다. 주말도 없이 일하는 '일 중독자'라는 말을 들으면서 재기에 열정을 쏟았다.

그런 노력으로 '다함께 차차차', '마구마구 2013', '모두의 마블' '세븐 나이츠', '레이븐' 등이 인기를 끌고 흥행에 성공하면서 넷마블은 모바일 게임의 강자로 명성을 되찾고 다시 일어서는 데 성공했다. 그 후 CJ그룹에서 독립하여 '넷마블 게임즈'로 회사 이름을 바꾸었다.

2014년 말 중국 기업 텐센트로부터 5억 달러(약 5,900억 원)의 투자도 받았다. 이는 텐센트가 진행한 투자 중 최대 규모였다. 2016년에는 매출 1조 원을 돌파했다. 그로부터 2년이 지난 2018년에는 2조 원을 넘어섰다. 이 같은 신장세는 엄청난 비약이다.

그는 또 다른 도약을 꿈꾸고 있다. 중국 게임 업체들의 공습 속에 재도약이 절실하다는 판단에서 새로운 전략을 짜고 있는 것이다. 새로운 콘텐츠와 지식재산권(IP)을 확보하기 위해 힘쓰는 한편 인공지능(AI)과 같은 신기술 기반의 게임 개발에 정성을 기울이고 있다.

이미 글로벌 아이돌 그룹 방탄소년단(BTS)의 소속사 빅히트 엔터테인먼트 지분 25.71%를 2,000여억 원에 사들이며 대주주로 올라섰다. 넷마블이 2019년 6월 출시한 'BTS 월드'는 해외 이용자들도 다수 찾았다. 출시 14시간 만에 33개 나라의 앱스토어에서 인기 순위 1위를 차지했다.

BTS 월드는 빅히트 엔터테인먼트 소속 아이돌 그룹 방탄소년단을 육성하는 게임으로 이용자는 게임 속에서 방탄소년단의 매니저가 돼 방탄소년단과 가상으로 교감한다. 방탄소년단 구성원들의 모습과 목소리가 담긴 '방탄소년단 카드'를 수집하며 이야기를 풀어나가는 것이 매력이다. BTS를 키워낸 방시혁 빅히트 엔터테인먼트 대표와는 사촌 간이다.

이 밖에도 '킹오브파이터 올스타'와 '일곱 개의 대죄: 그랜드크로

스' 등도 인기를 끌고 있다. 내부에는 넷마블 AI 랩을 마련해 연구개발을 장려하고 있다. 동시에 한국 게임 업계 매출 1위에 처음 올랐다.

플랫폼 다각화로 새로운 도전

방준혁이 모바일 게임 중심이었던 넷마블에서 콘솔과 PC 게임 등으로 플랫폼 다변화를 추진하고 있어 관심을 끈다.

넷마블은 2020년 6월 자체 지식재산인 '세븐 나이츠'를 바탕으로 제작한 콘솔 게임 '세븐 나이츠 타임 윈더러'를 하반기에 출시해서 또 다른 돌풍을 일으켰다.

중국과 대만, 한국의 게임 시장은 모바일 게임, 특히 대규모 다중접속 역할 수행 게임의 인기가 높지만, 미국과 캐나다 및 서구권에서는 비주류 게임으로 취급되고 있다. 특히 미국에서는 콘솔 게임 비중이 더 높다. 게임 통계 기관 뉴주는 미국에서 콘솔 게임 매출이 2019년에 13.4% 증가하며 게임 시장에서 비중 50%를 차지했다고 밝혔다.

방준혁 넷마블 이사회 의장은 게임 사업 경쟁력을 끌어올려야 하는 과제를 안고 있다. 과거 모바일 게임 시장을 선점해 빠른 속도로 성장했으나 이제는 경쟁사들도 모바일 게임을 높은 수준으로 내놓고 있기 때문이다.

이를 위해 넷마블의 수익성을 개선하기 위해 자체 지식재산을 활용한 새로운 제품의 게임을 확대하는 데 힘쓰고 있다. 실제로 현재 넷마블이 내놓은 주요 모바일 게임인 'A3: 스틸얼라이브', '스톤에이지월드', '마구마구 2020' 등은 모두 자체 지식재산을 활용한 것들이다.

글로벌 시장 공략도 본격화하고 있다. 해외 게임 이용자들이 PC 게임과 콘솔 게임도 요구하는 만큼 게임의 장르와 플랫폼을 다양화를 통해 글로벌 시장을 확대하는 데 주력하고 있다.

방준혁은 일찍부터 플랫폼 다각화를 위해 '리틀 데빌 인사이드'의 개발사 '니오스트림'에 지분 30% 규모의 투자를 진행했다. 이 게임은 소니가 2020년 말에 선보인 차세대 콘솔 '플레이스테이션 5'의 게임으로 선정되기도 했다.

"이제부터 다양한 장르를 시도해야 하고, 장르의 융합도 필요하다. 그런 점에서 융합 장르 게임으로 선보이는 것이다."

'건강한 넷마블' 만들기에 주력

방준혁은 2020년 시무식에서 이렇게 강조했다.

"지난 몇 년 동안 조직 문화를 개선하는 일에 힘쓴 결과 건강한 넷마블을 정착시켰다."

그는 2019년 10월 포괄 임금제를 폐지했다. 넷마블은 하루 근무 시간 기준을 8시간으로 잡고, 근무 시간 동안 15분 넘게 PC를 가동하지 않은 시간은 직원이 소명하는 방식을 도입했다. 이는 야근과 주말 근무 금지, 탄력 근무제 도입, 종합건강검진 확대 등을 포함한 일하는 문화 개선안을 시행한 데 이은 것이다.

2021년 가을, 넷마블 지분 가치로는 재계 16위에 올라 있다. 방준혁은 넷마블 지분을 24.12% 보유하고 있는데, 이를 주가로 계산하면 2조 7,777억 원 수준에 이른다.

방준혁보다 상장 계열사 지분 가치가 높은 사람은 이재용 삼성전자 부회장, 서경배 아모레퍼시픽 회장, 정몽구 현대차 그룹 회장, 최태원 SK그룹 회장, 홍라희 전 삼성미술관 리움 관장, 서정진 셀트리온 회장, 정의선 현대자동차 수석부회장, 김범수 카카오 이사회 의장 등이다.

2018년 5월 넷마블이 준대기업으로 지정되면서 방준혁은 기업 총수로서 법적 책임을 지고 있다. 공정거래위원회는 자산총액 5조 원 이상인 60개 기업을 '공시 대상 기업 집단'으로 지정했는데 넷마블도 여기 포함됐다. 넷마블 자산은 5조 6,620억 원으로 넷마블이 2017년 기업공개를 하면서 자본 2조 7,000억 원을 확보했기 때문에 준대기업으로 지정됐다고 공정위는 밝혔다.

방준혁은 주주총회에서 기존 넷마블 게임즈였던 회사 이름을 넷마블로 다시 고쳤다. 넷마블은 회사 이름을 바꾸는 문제에 대해 "2000년 회사 설립 당시의 회사 이름으로 돌아감과 동시에 인공지능, 문화 콘텐츠 등 미래 사업을 준비하기 위한 것"이라고 설명했다.

국내 게임 업계 매출 1위 등극

넷마블은 국내 게임 업계 매출 순위에서 1위로 올라섰다. 이는 창사 이래 처음이다. 넷마블이 국내 게임 업계 시가총액 1위 기업으로 뛰어오른 것은 코스피에 상장한 덕이다. 넷마블은 2017년 연결 기준으로 매출 2조 4,248억 원, 영업 이익 5,096억 원을 냈다. 2015년에 매출 1조 원을 돌파한 이래 2년 만에 매출이 2조 원을 넘어섰다.

방준혁은 "무척 기쁘면서도 무거운 책임감을 느낀다. 글로벌 1등 기업이 될 수 있도록 최선을 다해 노력하고 한국을 대표하는 게임 회사로 키우겠다."라고 말했다.

그러나 주가가 계속해서 떨어지면서 넷마블은 2020년 7월 종가 기준 엔씨소프트에 게임 회사 시가총액 1위 자리를 내줬다.

자수성가한 기업인의 롤 모델

방준혁은 자신을 '진품 흙수저'라고 일컫는다. 미국의 경제 미디어 그룹 블룸버그는 방준혁에 대해 이렇게 평가했다.

"가난뱅이에서 거부가 된 방준혁과 넷마블의 성공 스토리는 재벌 지배 구조를 혁신해야 한다는 비난이 일고 있는 한국에서 젊은 세대가 재능을 펼칠 수 있도록 영감을 불어넣어 줄 것이다."

자수성가한 롤 모델로 꼽히는 그는 회사 일과 가정생활을 엄격하고도 확실하게 구별하는 사람이다. '승부사'로 통하며 의사 결정을 내릴 때는 어떤 틀에 얽매이거나 갇히지 않는다. 한번 결정을 내리면 공격적으로 과감하게 밀어붙인다.

"일에는 스피드가 생명이다. 환경 변화에 유연하게 대처해야 한다."라고 강조한다. 호기심이 강하고 목표로 정한 뒤에는 무조건 추진하고 성공을 이뤄내야 하는 성격이다.

"IT 기업인으로서의 정년 나이는 39세이다. 정년에 이르기 전에 일을 맺어 놓아야 한다."라고 강조한다. 정년 39세는 젊은 창업가 정신을 잃지 않는 나이란다.

넷마블 창업 초기 인터넷 사이트를 구축하기 위해 며칠 밤을 새우면서 일했다. 홈페이지를 어떻게 구축해야 이용자들이 호감을 느끼고 좋아할까? 하고 무척 고민했다.

직원을 뽑을 때는 학력이나 집안 배경 등을 전혀 보지 않는 것으로 유명하다. 좋은 학교 명문대학을 나온 사람보다는 열정을 바쳐 일할 사람을 고른다. 일류대학 출신보다 학력이 눈에 띄지 않더라도 회사에 애정이 많고 일에 열정을 보일 직원을 더 바란다.

성과에 따른 보상도 철저하게 강조한다.

"전문적인 프로라면 자기 분야에서 최고가 돼야 하고, 그만큼의 대우를 받는 것이 정당하다."

넷마블이 플래너스 엔터테인먼트의 자회사로 있던 시절 모회사에서 받은 성과금 30억 원을 모두 직원들에게 나눠준 일이 그 대표적 사례이다.

넷마블을 상장하는 이유로 "임직원들과 주주들에게 약속을 지키고 희망을 줘야 한다고 생각했다. 직원들의 사기를 올려주기 위해서 확실한 보상도 필요하다."라고 말했다.

리니지2 레볼루션이 성공하자 주요 개발자 30명에게 성과급으로 120여억 원을 지급했다. 특별 성과금도 3,500여 명이 넘는 넷마블 컴퍼니 전 직원에게 나눠주는 통 큰 배려를 보였다.

회사가 거둔 성과는 100% 직원의 공으로 돌리고, 능력 있는 직원에겐 적극적인 지원을 아끼지 않는 것도 그의 특징이다. 동료와 의리도 매우 중요하게 여긴다.

3조 원대 부호로 이름 올려

방준혁은 보수에서도 정상급이다. 그는 넷마블 지분을 24.18% 보유하고 있다. 지분 가치는 2020년 7월 종가 기준으로 2조 6,015억 원이다. 그는 2021년도 상반기 보수로 급여 6억 9,400만 원에 근로소득 400만 원을 수령했다. 이는 지난해 상반기 보수인 6억 9,000만 원에서 1% 감소했다.

2019년엔 급여 13억 4,000만 원에 근로소득 1,300만 원을 더해 13억 5,300만 원을 받았다. 이에 앞서 2018년에는 13억 5,300만 원을 받았는데, 이때 급여 13억 4,000만 원, 근로소득은 1,300만 원이었다. 넷마블이 사상 최대 실적을 냈던 2017년에는 26억 9,000만 원을 받았다. 이때는 상여금 14억 3,500만 원이 포함되었다.

그는 1세대 게임 회사 수장으로 한국의 게임 시장을 선도하는 사람 가운데 한 명이다. 빠른 판단력과 철저한 성과주의, 보상제로 경영을 이끌어 간다. 모바일 게임 시장에서 절대다수의 흥행을 거의 독점으로 이끌어내며 넷마블을 시장의 최고 강자로 올려놓았다.

넷마블을 국내 게임 회사 사상 처음으로 코스피에 상장하는 데 성공하면서 세계 최고의 게임 회사로 만들겠다는 목표를 세우고 주력하고 있다.

가난한 환경에서 태어나 고등학교를 중퇴한 '흙수저'지만 넷마블의 성공으로 3조 원대 부호에 이름을 당당하게 올린 기업인이다. 그의 성공 가도에는 행운의 레드 카페가 깔려 있는 건 결코 아니었다.

두 번의 실패를 겪었고, 한창 일할 때는 병고에 시달렸다. 그 어려움은 성공의 밑거름이 됐다. PC 온라인 게임 시장에서 국내 최초로 부분 유료화 모델을 도입해 성공을 거뒀다. 그때 도입된 게임은 '캐치마인드'였다.

그의 놀라운 솜씨는 2003년 5월 벌어졌다. 업계에서 놀라 주목한 일은 자(子)회사인 '플래너스'가 모(母)회사인 플래너스 엔터테인먼트 지분을 흡수한 것이다. 이는 국내에서 유례가 없는 사건이다. 그때 언론에서는 이를 놓고 '새우가 고래를 삼켰다'고 표현했다.

이 결정으로 넷마블은 플래너스 엔터테인먼트가 보유하고 있던 콘텐츠 기획과 생산, 마케팅 등에 대한 노하우를 한꺼번에 흡수하고, 게임 퍼블리싱 사업의 씨앗을 뿌리는 발판을 구축했다.

방준혁 넷마블 의장의 어록

"국내에서 1, 2위는 중요하지 않다. 세계 시장에서 강한 경쟁력을 갖추어야 한다."

"기성세대는 미래를 모른다. 여러분이 미래에서 꿈을 찾아야 한다."

"도전은 실패를 담보로 한다. 실패가 두렵기에 현실에 안주하려 한다. 기회가 오지 않기 때문에 기회를 잡을 수도 없다."

"우리의 기업가 정신은 가족과 자식의 미래를 위해 어려운 환경을 극복하고자 노력하는 가장의 '가장 정신'과 맞닿아 있다."

"직원의 행복은 물론 사회 발전에 기여하는 '존경받는 기업'으로 키우는 것이 우리의 목표다."

"여러분의 시각이 현재에 머물러 있으면 안 된다. 현재는 기성세대에게 기득권이 있기 때문에 기회가 없다."

"20~30년 후를 상상해야 한다. 그때 어떤 일을 해야 하는지, 어떤 자리에 있어야 하는지를 고민해야 한다."

"장르를 벗어나서 문화 콘텐츠끼리 융합을 시도해야 한다. 선도적 미래 경쟁력을 강화하는 데 최선의 노력을 다하라."

"글로벌 넘버원이 되어야 살아남는다."

"글로벌 시장에서 메이저 TOP 5 안에 들지 못하면 더 이상 우리에게 성장할 수 있는 기회가 없다. 그건 예전이나 지금, 미래에도 변함이 없다."

"판이 불리하면 판을 바꾸어라. 우리가 가장 잘하는 장르로 정면 승부하라.”

“나는 진품 흙수저다. 열정과 능력으로 적극 도전해 왔다.”

“세계에 넷마블 로고송을 울리게 하겠다.”

“사장 혼자서 북 치고 장구 치고 해도 직원들이 따라주지 않으면 아무것도 할 수 없다.”

- 1968년 서울 출생
- 고등학교 2학년 중퇴
- 경희대 건축공학과 학사
- 넷마블 설립 대표
- 플레너스 사업전략담당 사장
- CJ인터넷 사장
- CJ E&M 게임 부문 총괄상임고문
- 넷마블 게임즈 이사회 의장
- 넷마블문화재단 초대 이사장
- 코웨이 이사회 의장
- 동탄산업훈장 수장

제6장

크래프톤 이사회 장병규 의장

크래프톤 이사회 장병규 의장

스스로 밝힌 인생의 1급 비밀

장병규 크래프톤 의장은 자신이 살아온 인생의 뒤안길을 '짧게 펼치는 인생 스토리'로 엮어냈다. 그는 어떤 사람이며 어떻게 살아 왔기에 30대에 황금 방석의 주인공이 되었을까? 그는 자신의 성공 담화를 2021년 6월 담담하게 펼쳐 나갔다.

"나는 1973년 대구에서 태어났다. 어려서부터 공부를 잘했다는 소리를 들었다. 그렇다고 특별한 천재는 아니라고 생각한다. 어쨌 거나 지방 수재들이 모인다는 대구과학고에 들어갔고, 2년 만에 조 기 졸업하고 카이스트에 진학했으니 수재라 할만하다. 카이스트에 서 석사, 박사과정을 마치고 박사학위를 받았다.

네오위즈를 창업하고, 어떻게든 10억 원을 벌자며 일에 몰두하기 시작했다. 지금은 주 52시간제라지만, 그 시절 2년 동안 주 100시 간을 일했으니 참으로 무서운 일벌레였다. 그렇게 나의 몰입은 네 오위즈에서 원클릭, 세이클럽 등을 성공시키며 주목을 받았다.

그 뒤로 2005년에 검색 스타트업 '첫눈'을 설립하여 NHN에 350억 원에 팔아 떼돈을 움켜쥐었다. 그 당시 나의 지분 가운데 100억 원을 직원들에게 나누어 주었다. 2007년, 새로운 도전을 갈망하던 끝에 지금의 크래프톤인 블루홀 스튜디오를 세우고 웅비의 나래를 폈다.

여기까지 오는데 무려 10년이 걸렸다. IT 업계에서는 너무 긴 세월 지각생이었다. 그 기간 동안 수없이 많은 고생을 거듭했다. 고배도 여러 번 마시다가 결국 사업을 포기해야 할 수준의 막바지에 이르렀을 때, 2017년 기적처럼 배틀그라운드가 날개를 달아주면서 대박을 맞고 큰 성공을 거두었다.

주변 사람들은 장병규가 항상 성공만 해온 사업가 '미다스의 손'을 가진 사나이라고 부르지만, 천만의 말씀이다. 나의 성공 가도에는 중간 중간에 수많은 실패의 과정들이 가로 놓였다. 그 고비들을 정말 힘들게 넘어왔다. 내가 겪은 시행착오들을 발판으로 삼고 기어오르면서 더 큰 성공을 향해 뚜벅뚜벅 걸어왔다."

그가 스스로 밝히는 그의 인생 스토리는 장편 드라마와 같았다.

성공 신화를 안겨준 행운의 '첫눈'

장병규 의장에게 행운을 안겨준 것은 '첫눈(1 noon)'이다. 도대체 '첫눈'은 하늘나라 선녀가 전해준 선물인가? 성공의 1급 비밀은 무엇일까? 그가 들려주는 성공의 1급 비밀 이야기는 다시 들어보아도 신비하고 감미롭다.

첫 번째 비밀의 문: 몰입(沒入)

그는 타고난 일벌레다. 일을 할 때는 그 일속에 푹 빠지는 몰입(沒入)을 해야만 성장의 문을 열 수 있다고 유별나게 강조하면서 스스로 실천한다. 실제로 네오위즈를 창업할 때 그는 2년 동안 주당 100시간씩 일하며 몰입하는 저력을 보여 주었다.

그가 설명하는 몰입과 성장은 무엇일까? 예를 들어, 법정 근로 시간이 주당 52시간인데 100시간씩 일한다면 2배 정도를 더 일한다는 것이다. 근로법을 어기면서까지 일에 몰입한다는 것은 곤란하지만, 그래도 실제 생산성을 2배 이상 높일 수 있다는 걸 현실로 느끼게 되어 어쩔 수 없다. 그렇게 1년 동안 주당 100시간 정도 몰입하면 대기업에서 5년 일하는 것과 맞먹고, 2년을 하면 10년 정도의 차이가 생긴다. 남들이 10년 동안 할 일을 그는 2년에 해낸 셈이다.

"나는 2년 정도 그렇게 살았다. 대기업의 차장이나 부장 자리에 오르는 과정을 2년 만에 통과한 것이다. 그렇다고 듬성듬성하지 않고 전문 능력을 확실하게 쌓아 올렸다. 1년의 몰입을 통한 압축 성장의 발판을 닦고, 다시 1년 몰입으로 성공의 열매를 거두었다.

그렇게 몰입한다고 해서 모두 압축 성장을 하는 것도 아니다. 운도 따라야 하고 하늘의 도움도 있어야 하지만, 자신의 열정과 노력이 더 앞서야 한다. 하나 확실한 것은 이 과정을 통해야, 하늘이 도와줄 수 있는 기회가 생긴다는 것을 깨달았다.

여기서 또 하나 중요한 일은 '내 인생을 내가 살아야 한다'는 것이다. 남들이 원하는 나로 산다면 결코 일에 몰입을 할 수가 없다.

그건 자기 삶이 아니니까. 남의 일을 대신해 준다고 생각하면, 몰입을 못 한다. 그건 내 일이 아니니까. 때문에 몰입을 통한 압축 성장은 바로 나의 인생을 살게 하는 지름길이다."

두 번째 비밀의 문: 도전과 실패는 별개다.

스타트업(startup)에서 평균적 고민은 실패다. 본래 첨단 기술과 아이디어로 무장하여 신사업에 뛰어드는 기업들을 일컫는 말인데, 우리는 흔히 벤처기업이라고 일컫는다.

평균이 실패라면, 도전하지 말라는 말인가? 그렇지 않다고 단호하게 자른다. 스타트업 평균은 실패지만 스타트업에 속한 개인의 평균은 성공일 수 있다는 말이다. 매일매일 성장하고 있다는 느낌이 명확하다면, 실패하더라도 얻는 것이 분명히 있다. 그 느낌은 언젠가는 나도 성공할 수 있다는 토대가 된다. 비록 스타트업의 평균이 실패라고 할지라도, 그것이 창업자와 구성원들의 실패는 아니라고 그는 강조한다.

배틀그라운드 김창한 PD는 17년간 4번 게임을 만들었는데, 모두다 실패했다. 한 번도 성공한 적이 없다는 말이다. 그를 실패자라고 낙인찍었다면, 어떻게 되었을까? 아마 다시 도전하지 못했을 것이 분명하다. 회사의 실패와 스타트업의 실패, 도전의 실패를 개인에게만 전가해서는 안 된다. 실패 확률은 엄청 높은 스타트업이라해서 그냥 평균적으로 다 실패한다고 여기면 발전이 없다. 실패할확률이 높다고 해도 몰입과 성장을 통해서 역량과 경험을 쌓고 승리할 수 있다는 자신감을 가져야 한다. 스타트업의 실패를 창업자의 실패, 구성원의 실패로 몰아가면 어떻게 될까? 그런 유망한 미래의 구성원들을 추방하는 것이 된다. 그 때문에 스타트업의 실패와 구성원의 실패를 분리해서 보아야 한다.

세 번째 비밀의 문: 시행착오에서 빨리 탈출하라.

오늘날 지구촌엔 4차 산업혁명으로 방대한 데이터, 인공지능을 통해 새로운 혁신이 쉴 새 없이 일어나고 있다. 디지털이 심화되는 세상에서는 현명한 시행착오를 빨리 겪고 벗어나는 일이 매우 중요하다.

A잡지에 300만 원을 주고 광고할 것이냐? 그 반값인 B잡지에 광고를 할 것이냐?를 놓고 고민한다. 그러나 그런 고민할 시간에 두 잡지에 모두 광고를 낸 뒤 어느 쪽이 더 효과적인지 데이터를 분석해 보는 것이 훨씬 현명하다는 이야기이다.

수십 년간 경영 시스템을 계획-실행-학습하면서 실행의 결과를 측정하고 반복함으로써 기업이 발전하고 사업이 성장한다는 걸 체험했다. 지금은 인터넷, 빅데이터 등과 같은 기술의 덕택으로 실행의 결과를 측정하고 분석하는 속도가 빨라지고 있다. 따라서 시간과 노력을 그만큼 줄이고, 실행-학습의 사이클을 매우 빠르게 하는 것이 핵심이다. 스타트업에서 현명한 시행착오를 빨리빨리 경험하고 탈출한다는 것은 매우 중요하다.

네 번째 비밀의 문: 자신만의 스토리텔링을 만들어라.

스타트업의 사업계획을 포함한 스토리 라인을 만들어야 한다. 전달하고자 하는 메시지를 명확하게 할 때 그 반응이 확실하게 나타난다. 전달할 메시지가 분명해야 하는 것처럼 하나의 이야기를 완성하는 스토리 라인을 만드는 것도 중요하다.

창업자의 마음속 깊은 곳에 있는 솔직한 이야기를 담아내는 것이 중요하다. 사업에 대한 깊은 성찰이 있어야만 솔직한 이야기를 담을 수 있다. 사업 계획의 핵심 요소를 포함한 자신만의 스토리를 한 문장, 한 단락으로 담아놓고, 30초 분량의 스피치, 15분 전후의 발표 등으로 반복 연습해 본다.

어떤 행사에서 옆자리에 앉았던 한 스타트업 대표에게 "무슨 일을 하세요?"라고 질문했는데, 그가 하는 사업을 정말 조리 있게 한 단락으로 설명해서 인상 깊었던 적이 있다. 행사 때문에 많은 대화를 나눌 수는 없었지만, 확실히 그 회사의 이미지가 머릿속으로 쏙 들어왔다.

스타트업은 정말 많은 경험적 도움을 필요로 한다. 그런 도움이 언제 어떤 기회로 찾아올지 모르기 때문에 자신의 스토리를 이야기하는 연습은 필수적이다.

'똘끼 DNA'로 세계 정복의 꿈

장병규는 그 누구도 가지 않은 길을 가는 사람이다. 스타트업 업계의 '미다스의 손'으로 불리는 그는 2021년 8월 이런 말을 했다.

"게임 회사 창업은 '글로벌 성공'을 위해 가는 길이다."

'미다스의 손'. 손대는 일마다 큰 성공을 거둬서 엄청난 재정적 이익을 내는 능력자에게 붙이는 수식어다. 그 행운의 손이 장병규에게만 주어졌는가? 절대 아니다. 현대그룹을 일군 정주영 회장, 삼성그룹을 일으킨 이건희 회장 등 수많은 총수가 있다. 그 '미다스의 손'은 스스로의 노력과 열정으로 만들고 키워가는 것이다.

벤처 업계의 '미다스의 손'으로 불리는 장병규 의장은 '똘끼 DNA'라는 또 다른 별칭이 있다. 그 자신이 "똘끼 DNA를 내세워 세계 시장을 정복하겠다"고 예고했기 때문이다. 크래프톤 기업공개(IPO) 기자간담회에서 장병규 의장은 사회자가 회사 소개를 마치자마자 마크를 넘겨받아 부연 설명을 덧붙였다.

"우리 크래프톤은 '글로벌 성공'을 위해 큰 걸음을 내디뎠다. 그 길은 우리가 반드시 걸어가야 하는 길, 운명적으로 걸어갈 길이다. '똘끼'를 가진 회사, 다양한 도전을 지켜봐 달라. 네이버·카카오·엔씨소프트·넥슨·넷마블 등 한국의 IT 회사 어느 곳도 인도라는 시장을 두드리지 않았다. 크래프톤이니까 도전한다. 글로벌하게 도전하는 회사로 바라봐 주시면 크래프톤 색깔을 이해할 수 있지 않을까 한다.

스타트업에 오래 있었지만 어떤 제품이나 서비스가 성공할지 예측하기는 늘 어렵다. 단기적으로 숫자가 이렇게 성공할 것이라 말하긴 어렵고, 글로벌 산업이 성장 중이라 중장기적으로 충분히 지속 성장할 회사가 될 것으로 본다. 최선을 다하겠다.

IT 기업은 네이버와 카카오가 있고, 게임사는 엔씨소프트, 넥슨, 넷마블이 있지만 그 누구도 인도라는 시장을 쉽게 도전하지 않는다. 크래프톤은 그 누구도 가지 않는 길을 가겠다는 이른바 '똘끼 DNA'가 있다."

그러면서 30분 남짓한 시간 동안 그의 입에서 나온 '글로벌' 키워드만 무려 17번 강조했다. 그의 눈은 오직 '세계 시장'을 향해 반짝거렸다. 그의 말처럼 크래프톤은 한마디로 '똘끼'를 가진 회사다. '남들이 가지 않는 길'을 간다는 얘기다.

크래프톤의 장병규 의장(연합뉴스)

성공 방정식에 대한 소신과 야망

장병규 의장은 누가 뭐라고 해도 '성공한 1세대 벤처기업인'의 대표 주자다. 카이스트 전산학과 출신으로 1997년 '네오위즈'를 공동 창업한 뒤 1999년 온라인 채팅 서비스 '세이클럽'을 세상에 내놨다. 2000년 네오위즈가 코스닥에 상장된 뒤 그가 보유했던 주식가치는 무려 400억 원으로 치솟았다.

벤처 업계의 '미다스의 손'으로 이름을 올렸지만, 그런 장병규 의장도 이루지 못한 꿈이 있으니, 바로 '글로벌 진출'이다.

그는 크래프톤의 자서전 《크래프톤 웨이》에 "검색의 글로벌 진출이라는 '첫눈' 설립 당시의 꿈을 이루지 못했다. 이제 세계를 무대로 성공 이야기를 쓰기 위해 '블루홀'(크래프톤 전신)을 만들었다."라고 밝혔다.

그때 업계에선 IT 전문가가 '게임'으로 눈을 돌린 점이 매우 이상하다는 반응이 많았다. 그는 "한국산 포털 서비스는 국경을 넘는 데 어려움을 겪었지만, 온라인 게임은 상황이 다르다. 잘 만든 게임 하나가 인터넷망을 타고 해외에서 얼마든지 고객을 불러 모을 수 있는 시대가 왔다. 해외에서 승부를 걸어볼 수 있는 제품으로 게임만큼 매력적인 상품이 없어 보인다."라고 설명했다.

사실 그의 '글로벌 진출'의 꿈은 이뤄졌다고 보아도 틀림없다. 크래프톤의 2021년도 1분기 매출액은 4,610억 원. 이 중 94%인 4,390억 원이 해외 매출이다. 크래프톤의 대표 게임 배틀그라운드가 인도와 중동에서 '국민 게임'으로 돌풍을 일으키면서 자리 잡았기 때문이다.

그는 기자간담회에서 "인도라는 시장을 직접 다녀왔지만, 대도시는 깨끗하게 잘 정비되어 있지만, 큰 도시를 벗어나 보면 거리도 깨끗하지 않고, 위생 걱정도 해야 한다. 최근에는 코로나19 때문에 건강까지 걱정해야 한다. 그래저래 진출하기 어려운 나라였다."라고 설명했다.

그러면서 "1990년대 후반부터 한국 스타트업 업계에서 25년 이상 일하면서 감정적으로 와닿았던 부분을 말씀드리고 싶다. 그동안 한국 상장사에는 투자한 적이 없었던 투자자가 있는데, 크래프톤의 글로벌 비즈니스를 눈여겨보고 투자를 고려하게 되었다고 말씀하셨다. 아직은 투자 여부가 결정되지 않았지만, 그런 검토를 받는 것만으로도 개인적으로 굉장히 의미가 크고 깊다는 소회가 든다."라고 밝혔다.

조(兆) 단위의 주식 부호

장병규 의장은 크래프톤의 상장으로 조(兆) 단위의 주식 부자가 되었다. 크래프톤이 제출한 증권 보고서에 따르면 장병규 의장은 공모 후의 회사 주식 703만 주를 보유하고 있다. 크래프톤의 주당 공모 가격은 49만 8,000원인데, 이를 근거로 할 때 그의 주식 가치는 무려 3조 5,000억 원에 이른다.

하지만 그의 도전은 멈추지 않고 계속된다. 크래프톤은 인도 시장

크래프톤의 장병규 의장(동아일보)

을 교두보로 삼고, 인도를 넘어 중동과 북아프리카까지 진출하는 의욕을 보였다. 한편으로는 게임을 중심으로 영화 '웹툰'를 만드는 종합 엔터테인먼트사로 한 단계 도약을 선언했다.

그는 크래프톤 자서전을 통해 "돈과 상관없이 좋아하는 사람들과 뭔가를 이뤄가는 과정에서 존재감을 느낀다. 돈 버는 것 자체가 재미가 없고, 돈이 많다고 해서 자존감이 생기지 않는다. 사람들과 뭔가를 이뤘을 때 즐거움과 행복을 느낀다."라고 털어놓았다.

네오위즈에서 블루홀까지 연타석 홈런을 날렸다. 벤처 투자와 함께 게임 개발에도 직접 공을 들였다. 현재 인터넷 게임사 블루홀의 경우 2011년 온라인 롤플레잉 게임 '테라'에 이어 최근 '배틀그라운드'로 글로벌 차원의 성공을 거뒀다. 공개 이후 4개월 만에 누적 매출 132억 원, 판매량 600만 장을 돌파했다.

4차 산업혁명의 기반 다져

게임 '배틀그라운드'로 유명한 게임 회사 크래프톤의 장병규 의장은 대통령 직속 4차 산업혁명위원회 초대 위원장과 2대 위원장으로 일하면서 4차 산업혁명의 기반을 다져놓았다.

4차 산업혁명위원회는 4차 산업혁명 도래에 따른 총체적 변화에 대응하여 대한민국 정부의 국가 전략과 정책에 관한 사항을 심의하고, 부처 간의 정책을 조정하는 대통령 직속 기구이다.

초기 위원회는 민간 각 분야 전문가로 최대 25명을 정하며, 위원

장도 민간 전문가 중 대통령이 위촉했다. 당연직 위원으로는 과학
기술정보통신부 장관, 중소벤처기업부 장관, 산업통상자원부 장
관, 고용노동부 장관과 청와대 과학기술 보좌관 5명이 참여했다.

2017년 9월 25일, 문재인 대통령이 장병규 초대 위원장을 포함한 20
명의 민간위원을 위촉함으로써, 제1기 위원회가 본격적으로 활동을
시작하였다. 민간위원들은 각각 산업 9명, 학계 9명, 연구 2명이다.

4차산업혁명위원회 개회사 하는 크래프톤의 장병규 의장(중앙일보)

4차 산업혁명위원회 위원장 취임사

존경하는 국민 여러분! 4차 산업혁명위원회 위원장 장병규입니다.
세계는 4차 산업혁명이라 불리는'지능정보사회'로 급속히 발전 중입
니다. 디지털화 · 정보화가 보다 심화되어 나타난 필연적 과정으로, 이
는 산업 지도를 재편하고 우리 삶을 바꿔 놓고 있습니다.

변화는 전 세계인 누구에게나 힘듭니다. 혁명적 변화라면 더욱 힘든 것이 현실입니다. 그렇기에, 한국이 능동적으로 변화할 수 있다면, 다시 한번 전 세계 무대에서 도약하는 계기가 될 것입니다. 4차 산업혁명위원회는 정부가 추진하는 4차 산업혁명 관련 정책들을 심의·조정하는, 그래서 4차 산업혁명 시대를 올바르게 이끌라는 사명을 받았습니다.

저는 주어진 역할과 책임에 더하여, 저의 현장 경험을 바탕으로 민·관 팀플레이를 통해 큰 그림과 구체적인 실행을 함께 챙기겠습니다. 스타트업과 마찬가지로 큰 비전뿐 아니라 수많은 작은 시도들로 성과를 내겠습니다.

저는 모든 정책과 변화는 기본적으로 '사람'이 함께 사는데 방점이 있어야 한다고 믿습니다. 4차 산업혁명위원회가 추진하는 바도 장기적 관점에서는 마찬가지입니다. 다만 변화에는 고통이 따르는 것이 현실이기에 그것을 최소화하기 위한 고민도 게을리하지 않겠습니다.

끝으로, 4차 산업혁명위원회가 국민의 힘을 모으는데, 민·관의 힘을 모으는데, 그래서 한국이 혁신 성장하는 데 일조하기 위해 노력하겠습니다. 국민 여러분께서도 많은 관심과 참여를 부탁드립니다.

장병규 의장은 2019년 4차 산업혁명위원회 위원장에 임명된 뒤 인터넷 업계 관계자는 "장 위원장은 20년 이상 실전 창업 경험을 통해 인터넷을 기반으로 한 창업 생태계에 대해 누구 못잖게 많은 경륜을 쌓은 전문가다. 정부가 성장의 또 다른 패러다임으로 제시한 혁신 성장의 밑그림을 제시하는 데 적임자일 수 있다."라는 평가를 하였다.

또 다른 전문가도 "4차 산업혁명위원회는 국가적으로 신성장 동력을 찾아내야 하는 막중한 역할을 맡은 것으로 안다. 장 위원장은 창업의 실전 경험이 풍부하기 때문에 다양한 혁신 모델을 고민할 수 있을 것"이라며 기대를 걸었다.

그는 4차 산업혁명위원회 위원장 시절에 언론과 인터뷰에서 이렇게 말했다.

"현 정부의 일을 맡았는데, 4차 산업혁명위원회는 민간과 정부의 소통 창구로서, 변화의 주체인 민간의 의견을 담은 대정부 권고안을 마련하는 조언 기구라고 말할 수 있다."

그는 특히 현 정부가 강력하게 추진하고 있는 산업 현장에서의 주 52시간제에 대해 비판을 쏟아내며 주목을 받았다.

"인재들의 요람인 실리콘밸리에서 출퇴근 시간을 확인한다는 이야기를 들어본 적이 없다."

주52시간제가 아닌 '포괄 임금제'를 적용하고 있는 것 같다. 포괄 임금제란 '근로계약 체결 시 정한 일정액의 모든 수당을 실제 근무 시간에 관계없이 매월 지급'하는 임금 산정 방식이다. 본래 임금은 정해진 기본임금에 노동자가 실제 일한 시간 외 수당을 합산해 지급하는 것이 원칙이다. 그러나 포괄 임금제는 노동자가 실제 일한 시간과 관계없이 근로계약 시 사용자와 노동자가 정한 일정액의 시간 외 수당을 매월 지급하는 것이다.

일한 만큼 더 주는 방식이 아니기 때문에 회사가 '공짜 야근'을 마음대로 시킬 수 있도록 악용하는 제도로 여겨져 왔다.

실제로 업계에서는 법정 근로시간을 초과하는 일이 무척 빈번하지만 이 모든 노동은 포괄 임금제에 묶여 있어 직원들이 합당한 보상을 받지 못하고 있다는 것이다. 경우에 따라서는 법정 근로시간을 초과하지 않기 위해 일한 시간을 조작했다는 증언까지 나왔다. 통상적인 경우 업무망 PC에 접속할 때 근무 시간이 체크되는데, 정정 신청을 통해 자정이 넘도록 일했지만 자정에 퇴근한 것으로 보이게 했다는 것이다.

크래프톤도 예외는 아니었다. 한때 과도한 노동 행태로 결국 내부자의 고발로 노동부의 조사를 받았다. 크래프톤의 과도한 업무량은 게임에서도 유명하다. 성과주의에 밀려 사내 경쟁으로 인한 고용 불안감과 스트레스 등을 못 이겨 퇴사가 잦다는 소문이 나돌았다. 그런 현상은 가른 업체들도 대동소이하다.

장병규 의장의 근로 철학은 "시간과 장소에 구애받지 않고 개인 성과에 따른 업무를 하는 게 궁극적으로 미래의 업무 환경일 것이다."라는 것이다.

모교 카이스트에 통 큰 기부

장병규 의장은 개인 자산 100억 원을 발전 기금으로 2021년 6월 모교인 KAIST에 기부, '통 큰' 사회 환원을 하였다. 그 뒤를 이어 크래프톤과 크래프톤의 전·현직 구성원도 개발 인재 양성을 위해 KAIST에 110억 원을 기부하여 기부 선행 릴레이를 연출했다.

카이스트 동문 중에서 100억 원의 큰돈을 기부한 사람은 장병규 의장이 처음이다. 서울대 학부를 거쳐 카이스트 전기 및 전자공학부 석사과정을 졸업한 권오현 삼성전자 회장이 장병규 의장에 앞서 10억 원을 낸 것이 그때까지 최고 금액이었다.

장병규 의장은 100억 원을 기부한 일에 대해 "아무도 창업을 하지 않으려고 하던 1997년 지도교수님인 김길창 명예교수께서 박사과정 중에 있던 나에게 창업을 격려해 줘 오늘의 내가 있게 됐다. 카이스트가 우연한 성공 가능성을 계속 지원하기를 바라는 마음에서 개교 50주년을 앞두고 기부하게 됐다."라고 밝혔다.

그는 카이스트에서 전산학으로 학사 · 석사 · 박사학위를 받았다. 1997년 게임 회사인 네오위즈를 공동 창업하고, 세계적으로 큰 인기를 얻은 슈팅 게임 '배틀그라운드(배그)'를 제작한 블루홀(크래프톤의 전신)을 설립했다. 미국의 출판 및 미디어 기업 포브스(Forbes)가 지난해 선정한 '한국의 50대 부자' 순위에서 47위에 올랐다. 당시 그의 재산은 1조 500억 원으로 추산되었다.

장병규 크래프톤 의장의 어록

"스타트업에 주 52시간 적용하는 것은 국가가 개인의 권리를 뺏는 것이다."

"나는 20대 때 2년 동안 주 100시간씩 일했다. 누가 시켜서 한 게 아니다. 내 인생을 위해서 한 거다."

"중국은 200~300명이 야전침대 놓고 주 2교대, 24시간 개발해 모바일 게임을 만들어 낸다. 한국에서 이렇게 하면 불법이다. 이러니 경쟁이 안 된다."

"새로운 변화의 물결이 일어난다고 느낄 때 젊은 시각으로 새로운 변화의 물결을 잡아라."

"게임 회사 창업은 '글로벌 성공'을 위해 달려가는 길이다."

"성과주의로 인해 임직원들의 고충이 쌓인다 해도 사업엔 성과주의가 절대 중요하다."

"주어진 시간 안에 새 프로젝트를 찾지 못하면 근로계약이 해지되는 등 생존의 장으로 변질된다."

▲ 크래프톤 이사회 장병규 의장 프로필

- 1973년 대구 출생
- 대구과학고 졸업
- KAIST 전산학과 학사, 석사, 박사
- 네오위즈 공동창업, 이사
- 첫눈 대표
- 블루홀 이사회 의장
- K-유니콘 프로젝트 국민심사단 심사단장
- 크래프톤 이사회 의장
- 서울상공회의소 부회장
- 4차 산업혁명위원회 위원장
- 은탑산업훈장 수상
- 2006 올해의 KAIST 동문상 수상

제7장

네이버 이사회 이해진 의장

의욕적으로 사업 확대

네이버(NAVER)는 포털 서비스 회사였던 네이버와 온라인 게임 서비스 회사였던 한게임이 2000년 합병해 만든 기업이다. 네이버 창업자는 이해진, 한게임 창업자는 김범수다.

네이버는 1997년 삼성 SDS의 사내 벤처로 출발한 뒤 1999년 네이버컴(주)이라는 이름으로 독립하여 새로운 조직으로 거듭났다. 2000년 7월 네이버컴은 한게임 커뮤니케이션 및 원큐, 서치 솔류션 등 3개 회사를 인수했다. 그리고 회사의 공동대표를 네이버를 창업한 이해진과 한게임을 창업한 김범수가 맡았다.

2001년 네이버컴은 회사 이름을 NHN(Next Human Network)으로 바꾸었다. 이듬해인 2002년 주식을 코스닥 시장에 등록했다. 네이버(주)는 2013년 8월, 한게임과 분리하고 회사 이름을 NHN(주)에서 NAVER(주)로 변경하였다. 한게임은 '엔터테인먼트 NHN'라는 새 이름으로 바꾸었다.

　2004년 2월 NHN 검색 포털 네이버는 랭키닷컴 조사 결과 시간당 방문자 숫자 기준으로 처음으로 포털 다음(DAUM)을 누르는 기염을 토했다. 그리고 그해 연말 네이버는 검색 시장 점유율 60%를 넘으며 다음(DAUM)과의 격차를 벌려 놓았다. 2004년 게임 개발 스튜디오인 NHN 게임스(주)를 세웠다.

　2005년에는 기부 포털 서비스인 '해피빈'을 선보였다. 같은 해 미국 법인 NHN USA를 세워 북미 시장에 진출하는 한편, 인터넷 서비스의 운영을 전담하는 NHN 서비스(주)를 설립하였다.

　이듬해인 2006년 검색 전문 회사인 (주)첫눈을 인수했다. 2007년 미국 법인 NHN USA는 게임 포털 서비스인 'ijji.com'을 선보였다.

　이해에 김범수 대표가 회사를 떠났다. 2008년 엔에이치엔은 주식을 거래소 시장에 상장했다. 그리고는 코스닥 시장에서 거래됐던 기존 주식은 상장 폐지하는 결단을 내렸다.

2009년 마이크로 블로그 서비스인 미투데이와 여행 정보 사이트 윙버스를 잇따라 사들였다.

이해 4월 엔에이치엔은 기업 분할을 통해 광고 영업을 전담하는 자회사 NHN 비즈니스 플랫폼을 만들었는데 그 기업이 현재의 naver business platform이다.

이해진은 2010년에 여유 자금 운용 및 벤처 투자를 전문으로 하는 NHN Investment를 세워 계열사로 추가하면서 기업의 세력을 확장하였다.

네이버(NAVER)

네이버라는 말은 배가 넓은 바다를 '항해하다' 또는 비행기가 하늘을 '순항하다'라는 뜻의 내비게이터(navigate) 단어 앞머리에 사람을 뜻하는 접미사 '-er'를 붙여 만든 합성어이다. '인터넷을 항해하는 사람'이라는 의미다.

세계가 열광하는 한국의 IT 산업

아이돌 스타, 싸이, 남북 분단 등을 제외한다면 외국인들이 한국서 먼저 떠올리는 것은 IT일 것이다.

"세계 어디와 비교해도 가장 인터넷이 빠른 나라가 코리아다. 외국인들이 인천공항에 도착하여 비행기에서 내리는 순간부터 모바일로 연결되는 나라가 바로 코리아이다."

에릭 슈미트 구글 회장이 말한 한국의 IT 산업 현실이다. 이처럼 한국의 IT 산업에 세계가 열광하고 있다. 한국의 인터넷 문화를 이끌어 온 곳은 바로 네이버다. 지식인들이 네이버 없는 인터넷을 떠올리긴 어렵게 된 것이 현실이다. 네이버 홈페이지를 찾으려고 네이버에 들어갔다가 순간 멈칫했다는 에피소드들이 그걸 말해 준다. 그렇지만 이해진 의장, 김정주 회장, 이재웅 전 대표가 언론이나 일반 대중이 모이는 장소에 나타나 얼굴을 내미는 일은 거의 찾아보기 어려울 정도로 매우 드물다.

"대외 활동은 하는데 언론 접촉만 안 하는 것이다."

네이버 관계자의 해명이다. 그러면서 덧붙여 설명했다.

"벤처 1세대들이 무척 열광하기 때문에 접촉을 되도록 피하는 편이다."

오늘날 한국의 IT 산업에서 이해진 의장이 차지하는 의미는 매우 크다. 그는 대학생 벤처로 시작해 굴지의 대기업을 만들었다. 개인 주식 자산으로 벤처 기업가 중 처음 1조 원대를 넘어서는 갑부(甲富) 대열에 들어섰다. 네이버의 성장 발걸음은 바로 한국 포털의 역사이기도 하다. 네이버는 한국에서 유일하게 구글이 힘을 못 쓰게 하면서 코리아의 자존심을 지켰다.

그런 네이버가 한때 위기를 맞았다. 검색 독과점 기업으로 지목되었기 때문이다. 검색으로 광고해서 돈을 버는 것은 포털 이용자들을 현혹하는 행위라고 손가락질을 받은 것이다.

네이버 입장에선 참으로 억울함이 많다. 검색 점유율을 어떻게 계산해 독과점으로 규정하는가? 네이버는 영리 기업인데 검색으로 돈을 버는 것은 당연하지 않나?

구글은 저렇게 한국서 영향력을 키워 가는데 우리만 규제한다는 등 불만스러움이 한둘이 아니다. 그러나 여론이 나쁘게 돌아갈 때 자유로울 수 있는 기업은 없고 또한 사회적 책임도 따른다.

"인터넷에서 민주주의를 지지한다."

구글의 홍보 메시지이다. 사람들이 공감할 수 있는 정책을 계속해 전파한다. 메시지의 힘이 그만큼 강하다. 네이버가 계속해 영향력을 주고, 글로벌로 더 매력적인 기업으로 성장하기 위해서는 홍보 메시지를 더욱 강렬한 문구로 만들라는 지적이 많다.

삼성전자 회장이나 현대그룹 총수만이 향후 산업에 대해 발전적 메시지를 던질 수 있는 것은 아니다. 그 누구도 얼마든지 새로운 메시지를 던질 수 있다. 기업의 사회적 역할, 인터넷이 나아가야 할 길을 놓고 빌 게이츠와 마크 저커버크는 서로 다른 의견을 내놓았다. 그 의견 자체가 사회적인 이슈로 떠올랐다. 앞서 가는 IT 산업, 생동하는 IT 기업, 활동력이 강한 IT 산업은 국민을 일깨우면서 이끌고 간다. 그래서 국민과 함께 성장한다.

글로벌과 모바일은 생명선

"사옥을 청소하는 아주머니들도 글로벌과 모바일 두 단어의 뜻은 알고 계신다."

경기도 성남 분당에 있는 네이버 직원들이 주고받는 농담이다. 그런데 이 농담이 단순한 농담이 아니라 사실이라는 점이다. 이해진 네이버 이사회 의장과 관련이 깊다는 소문이 사실로 밝혀진 때문이다.

"이해진은 은둔형 경영자다!"

그만큼 대외 활동을 자제해 왔다. 모바일 메신저 '라인(LINE)' 가입자 3억 명 돌파를 기념해 일본 도쿄에서 열린 기자간담회 때 무려 12년 만에 공식 석상에 모습을 드러냈다 하여 이슈가 되기도 하였다.

그러나 그는 회사 안에서는 직원들과 커뮤니케이션은 굉장히 활발하게 하는 경영자 CEO로 유명하다. 팀별로 돌아가면서 토론회를 갖고 자유롭게 대화를 나눈다. 회사 밖에서는 은둔의 이미지로 비춰지고 있지만, 사내에서는 누구보다도 대화와 소통에 적극적이다. 그 정도가 너무 심해서 때로는 '수다쟁이 이사장'이라는 이미지까지 풍겨줄 정도이다.

그는 기회만 생겼다 하면 강조하는 단어가 있다.

"글로벌과 모바일은 생명선이다!"

이 말을 얼마나 많이 강조하였으면 사옥 곳곳에 먼지 하나까지 말끔히 청소하는 환경미화 직원들까지도 그 단어를 기억할 정도라고 네이버 직원들은 농담한다.

IT 업계에서는 그가 어느 날 언론에 등장하자, 라인의 글로벌 성공을 알리면서 네이버가 글로벌 시장에서 미국과 중국의 경쟁 기업들과 힘겨운 싸움을 하고 있다는 사실을 널리 알렸다며 떠들썩했다. 전에는 국내에 진출해 있는 미국 회사가 무서웠지만, 이제는 중국 회사의 존재감이 대단하다고 밝혔다.

그는 2014년도에 국내에서는 시가 총액 약 27조 원으로 10위 안에 들지만, 글로벌에서는 애플, 구글, 텐센트 등 강적들이 즐비하다며 여전히 경계를 늦추지 않고 있다. 하지만 그는 중소기업중앙회가 전국 중소기업 최고경영자 CEO 500여 명을 초청해 제주에서 주최한 중소기업 리더스 포럼에서 특강을 하여 또 다른 이미지를 보여주었다.

그는 스스로도 고백했다.

"이렇게 많은 사람 앞에서 강의를 한 건 처음인 것 같다."

그러면서도 실력 있는 중소기업의 해외 진출에 도우미 역할을 해보고 싶다며 중소기업 CEO들에게 격려와 애정을 과시했다. 그의 제주도 특강 배경에 대해 업계에서는 현재 공정거래위원회 등 국내에서 진행되고 있는 규제 이슈를 정면 돌파하려는 의도가 있는 것 아니냐는 분석을 조심스럽게 내놓았다.

네이버가 해외 시장에서 글로벌 기업과 경쟁을 벌이고 또 국내 중소기업의 도우미 역할을 해야 하는데, 국내에서 지나친 규제가 발목을 잡을 수 있다는 메시지를 던지기 위한 것으로 보인다는 말이다. 그는 제주 특강 이후 가진 기자간담회에서 의미 있는 한마디를 던졌다.

"역차별 문제는 지난해만 해도 일방적 시각이었으나 최근 언론에서는 잘 다뤄주고 있어 기쁘게 생각하고 있다. 네이버가 PC에서는 70%의 점유율을 가지고 있지만, 동영상 시장에서는 유튜브가

3억 명
라인 가입자수 (25일 기준)

1억7천만명
1위 메신저 中 위챗과 차이

5억명
내년 라인 목표

6개국
주요 진출 국가
日·대만·인도네시아
태국·인도·스페인

1045%
라인 1년간 매출 성장률

2013년 전 세계의 라인 가입자 수는 3억 명을 돌파했다. 이해진 의장은 2016년까지 가입자 수를 10억 명으로 늘린다는 계획을 갖고 있다.

시장을 거의 다 가지고 있고, 국내 모바일 서비스 중에서는 페이스북의 광고 매출 상승률이 가장 높다." 지난해 그가 일본 도쿄 라인 본사에서 열린 '라인 전 세계 가입자 3억 명 돌파 기념회'에 참석한 것은 무려 12년 만에 공식 행사에 모습을 드러낸 일대 사건으로 기록될 정도이다. 도쿄 기자간담회에서는 중국 텐센트가 2013년도 마케팅에 2,000억 원을 썼고, 2014년에는 3,000~4,000억 원을 책정했는데 이에 맞서려면 네이버는 연간 순이익을 모두 마케팅에 써야 하는 상황이라고 실토했다.

그때 그는 이렇게 강조했다.

"네이버가 처음부터 1등인 줄 알지만, 원래는 야후코리아가 1등이었다. 정부가 도와준 것 하나 없이 네이버와 다음이 열심히 노력해서 여기까지 올라온 것이다. 최소한 정보의 역차별은 없어야 한다. 구글이 안드로이드 운영 체계 OS를 바탕으로 전 세계적으로 강하게 밀어붙이는 것에 대해 정부가 공정하게 해줄 수 있는 일은 과감하게 해줘야 한다."

'네이버가 혼자 다해 먹는다.', '네이버가 또 다른 권력이 됐다.'라는 등 네이버를 향한 집중 공격 포화를 계속 얻어맞을 수도 없고, 더는 가만두고 볼 수도 없다는 판단에 따라 그가 직접 나서서 따질 건 따지고 해명할 건 해명하겠다는 뜻이라고 업계는 분석했다.

네이버의 2014년도 2분기 실적 발표 결과를 보면 눈에 띄는 수치가 있다. 네이버의 해외 매출은 라인의 성장에 힘입어 지난해 같은 기간보다 59.3% 증가한 2,165억 원을 기록했다.

특히 전체 매출액의 31%에 달하는 수치인데, 네이버 실적 사상 해외 매출 비중이 30%를 넘은 건 이번이 처음이라고 한다. 결국 해외에서 답을 찾겠다는 그의 말이 점차 현실화하는 모습이다. 반면 국내 매출은 지난해 같은 기간보다 10.6% 늘어난 4,813억 원으로 집계됐다.

'비유 화법'을 즐겨 쓴다

이해진 의장은 '비유 화법'을 무척 즐겨 쓴다. 네이버를 '목선 곧 나무배'라고 한다. 이 말은 글로벌 시장에서 네이버는 크고 강한 배라 할 수 있는 미국, 중국의 경쟁 회사들에 비하면 위태로운 존재일 뿐이라는 것을 강조하기 위해서다.

중소기업중앙회 제주 포럼 때도 그는 스스로의 위치와 역할에 대해 축구 포지션의 '윙 포워드'라고 비유했다. 그 말에 중소기업 CEO들이 귀를 쫑긋했다는 일화가 유명하다. 월드컵 시즌에 맞게 인터넷 시장을 축구로 비유하면서도 의미 있는 말을 했다.

"이용자가 원하는 서비스를 직접 개발하고 만드는 사람은 공격수이고, 공격수가 싸우는 동안 뒤에서 회사를 튼튼하게 경영하는 사람은 곧 미드필더이다. 그동안 최전방에서 골을 넣는 사람은 스트라이커였지만, 이제는 후배들에게 골을 넣도록 센터링을 멋지게 올려주는 라이트 윙 역할을 하겠다. 김상헌 대표가 미드필더 역할을 잘 해주고 있다."

그는 확실한 경영 철학을 갖고 이를 직원들에게 전달한다. 그가 던지는 메시지는 종종 IT 기업들이 나아가야 할 방향타로 읽힌다. 영리 기업이지만, 때때로 비윤리적인 일로 문제가 되는 경우도 있다. 그럼에도 배울 점이 많은 기업, 쫓아가야 할 기업으로 판단한다. 창업자가 어떤 역할을 하느냐가 그 기업의 브랜드 이미지는 180도 달라진다.

IT 업계에서는 '걸어 다니는 광고판'이라는 말이 있다. 외국의 주요 IT 기업의 수장이 한국을 방문할 때마다 일어나는 현상으로, 외국의 주요 IT 기업의 수장이 방한한다는 소식이 전해지면 그에 대한 관심이 쏠리고 일거수일투족에 시선이 집중된다. 그가 누구를 만나는지, 어디로 이동하는지, 무슨 말을 하는지 빠짐없이 알려진다.

가장 최근의 사례는 에릭 슈미트 구글 회장이다. 그는 2박 3일의 짧은 일정으로 한국을 다녀갔다. 그가 외부 활동에 나선 1박 2일 동안 쏟아진 기사는 대충 잡아서 440여 건. 날마다 '구글 에릭 슈미트' 관련한 기사가 200건 이상 발행된 셈이다.

그에 대한 관심은 그가 미국으로 돌아간 후에도 이어졌다. 그가 특정 사안에 대해 소신을 밝히거나 정책을 발표할 때마다 한국 언론도 기민하게 반응했다. 그는 창업자가 아니다. 그럼에도 불구하고 슈미트가 곧 구글이고, 구글이 곧 슈미트로 여겨질 정도이다. 이제 이해진 의장은 네이버이고, 네이버는 곧 이해진이다. 그건 이해진이 네이버의 창업주이자 실질적인 CEO이기 때문이다.

한국의 인터넷

1982년 세계에서 두 번째로 인터넷을 개발했고, 1985년 서울에서 열린 '태평양 컴퓨터 커뮤니케이션 심포지엄'이 기반을 조성했다. 세계적으로 처음 열린 인터넷 콘퍼런스였다.

1990년 한국과 미국 사이에 일본을 거친 해저 케이블을 설치하면서 하나(HANA) 망이 미국에 연결되고 한국의 인터넷이 비로소 글로벌 인터넷이 되었다.

1990년대 중반 이후 넥슨, 다음, 네이버 등 주목할 만한 인터넷 벤처들이 나왔고, 1998년 두루넷을 필두로 초고속 인터넷 서비스가 나오면서 본격화 시대로 접어들었다. 미국과 일본은 종합정보통신망 ISDN을 고집하다가 초고속 인터넷 서비스가 늦어졌다. 2000년으로 접어들면서 국내 인터넷 사용자는 1,000만 명을 돌파했다. 우리나라 인터넷이 급격히 발전한 '티핑 포인트'가 만들어졌기 때문이다.

인터넷 창업 이끈 시대의 주역

인터넷 창업 세대들을 지도하며 IT 교육을 이끈 스승 전길남 KAIST 명예교수는 한국 인터넷 사업의 현재와 미래 청사진을 다음과 같이 밝혀 이슈를 모았다.

2003년 1월 25일은 한국의 인터넷이 처음으로 완전히 무너진 비운의 날로 기록되어 있다. 슬래머 웜 SQL이 급속도로 퍼지면서 인터넷이 몇 시간 동안 마비가 되었다. 세계에서 이처럼 인터넷이 비참하게 완전히 무너진 경우는 없었다. 그럼에도 1·25 인터넷 대란에 관한 제대로 된 분석 보고서는 아직도 없다.

인기 여배우 최진실이 인터넷 악성 댓글에 괴로워하다가 2008년 스스로 목숨을 끊는 사건도 있었다. 이 사건은 인터넷 폭력의 상징과도 같은 사건으로 남아 있다. 왜 이런 사건이 발생했는지 선구적 연구를 통해 규명할 필요가 있다. 그래야 인터넷 선진국으로 나아갈 수 있다.

2009년엔 한국에 스마트폰이 등장하고 2010년 카카오톡이 나오면서 세상은 천지개벽 한 듯 달라졌다. 우리나라에 컴퓨터를 연구하는 사람도 수천 명이 훨씬 넘어섰다. 한국의 인터넷 발전에 중요한 역할을 한 인물들로는 대학과 현장에 따라 달라진다.

정부와 학계의 인사로는 초대 정보통신부 장관을 지낸 경상현 박사를 비롯하여 이철수 전 한국전산원(한국정보화진흥원) 원장, 청와대 과학기술보좌관 홍성원 박사(훗날 시스코시스템즈코리아 회장 역임), 전길남 KAIST 명예교수와 제자인 허진호 박사와 박현제 박사 등 많은 인사가 1990년대 후반 크게 활약했다.

IT 업계에서는 이해진 네이버 창업자, 김정주 넥슨 창업자, 이재웅 다음 창업자, 김범수 한게임 창업자(현재 카카오톡 의장), 송재경 XL 게임즈 창업자 등을 꼽는다.

온라인 게임을 제외하고 한국에서 최초 역사를 쓰고도 글로벌 무대에서 사라지는 서비스들도 많았다. 우리나라의 결점은 빨리 빨리 무엇을 잘 만드는 데 매우 뛰어나다. 그러나 계속 응용해서 더 큰 그림을 그리는 뚝심이 부족하다.우리는 마이크로소프트 MS에서 만든 사무용 프로그램 '워드프로세서'나 '스프레드시트'를 많이 쓴다. 이들 중에서 MS가 먼저 만든 것은 하나도 없다. MS라는 회사는 항상 두 번째, 세 번째, 네 번째 만들었다. 그런데도 지구촌에서 가장 많이 쓰고 있다.

일반적으로 첫 번째 개발한 것은 대부분 망한다는 속설이 있다. 예외로는 애플이 있다. 애플은 맥, 아이폰, 아이패드, 아이팟 등을 제일 먼저 만들고 성공도 시켰다. 연구 분야에서는 먼저 하는 것이 중요하지만, 개발 분야에서는 적절한 시기에 제대로 만드는 것이 중요하다는 것을 애플이 보여 주었다.

한국은 인프라와 하드웨어 측면에서는 앞서 갔지만, 정작 유통되는 정보의 질은 낮다. 이것을 뜯어고치는 것을 도전 과제로 삼아야 한다. 이제 1등은 별로 중요하지 않다. 후진성을 정리하는 것이 선진국이다.

후진성을 벗어나지 못하는 것은 결점이자 엄청난 손실이다. 예를 들면, 주민등록번호의 사용은 개인 정보의 유출이다. 이것은 개인의 사생활을 무시한 것이다. 성별, 출신, 생년월일까지 파악할 수 있는 관리 번호는 문제가 많다. 더구나 해킹까지 당해서 인터넷에 노출된다. 선진국에서는 없는 일이다.

또 우선순위로 처리해야 할 것이 있다. 바로 보안이다. 북한과 강대국으로 둘러싸인 한국의 지정학적 위치를 생각하면 보안 경쟁력은 계속 챙겨야 한다. 인터넷과 웹의 속성 중 하나가 모든 정보가 공유된다는 것이지만, 보안을 허술하게 여겼다가는 진짜 큰일을 겪을 수 있다. 한국이 선구자 역할을 하다 보니, 보안 사고도 한국에서 먼저 터졌다.

선진국으로 가려면 오피니언 리더가 필요하다. 지금은 인터넷 기업 대표들이 그런 리더 역할을 하는 것이 맞다. 미국을 보면 그렇다. 예전에는 마이크로소프트 창업자 빌 게이츠가 역할을 했는데, 지금은 구글, 페이스북, 아마존 창업가나 CEO들이 리더 역할을 하고 있다는 것이 바로 그것이다.

앞으로 인터넷 세상에서 가장 중요한 트렌드는 무엇일까? 예전에는 인터넷을 어떻게 보급할 것인가가 이슈였다. 그러나 스마트폰이 나오면서 인터넷 보급 문제는 완전히 해결되었다. 아프리카 오지에서도 북한의 철통 같은 감시 속에서도 휴대전화가 터진다. 현재 인터넷 인구는 20억 명 수준인데, 머지않아 50~70억 명으로 확산될 것이다.

그래서 앞으로는 인터넷 환경에 대해 연구하는 일이 활발해질 것이다. 특히 개발도상국일수록 인터넷을 이해하는 것이 굉장히 중요하다. 선진국은 스마트폰, 노트북 컴퓨터, 태블릿 PC까지 여러 개의 컴퓨터를 한꺼번에 쓰고 있다.

최근 한국이 어떻게 하면 선진국이 될까? 초·중·고등학생들이 재학 중에 무조건 외국을 다녀오거나 졸업 후 1~2년 다른 나라에 나가 머물다 오게 하면 크게 달라질 것이라고 이야기하는 사람들이 많다. 선진국으로 가려면 기록을 많이 남겨야 한다. 인터넷 기업 창업자 이해진, 김범수, 김정주 정도면 한국어 인터뷰를 동영상으로도 볼 수 있어야 한다.

네이버 발전의 원동력

후발 주자인 네이버가 어떻게 1등이 됐을까? 바로 후발 주자라는 이점을 살려 1위에 등극하였다면 쉽게 이해하기 어렵다. 세상에 영

원한 것은 하나도 없다. 계속 1등을 하라는 법도 없다. 잘 나가는 1
등 뒤에는 그 1등을 따라잡겠다며 뒤쫓고 있는 2등, 3등이 항상 있
게 마련이다. 우연한 일로 1등이 추락하기도 하고 만년 2등인 것처
럼 여겨지던 기업이 어느 날 갑자기 1위에 오르기도 한다.

1등 기업인 네이버도 애당초부터 1등으로 자리를 굳혀온 것은 아
니다. 이제는 인터넷 검색 시장에서 절대 강자인 네이버로 떠올라
선두를 달리고 있지만, 한때는 2등이었다. 네이버는 후발 주자의
이점을 충분히 살려 1등에 오른 것이다. 그런 경우에는 여러 기업
에서도 마찬가지로 흔히 있는 일이다. 2등 기업은 어떻게 하든 간
에 반드시 1등을 해보겠다고 노린다. 마찬가지로 1등은 그 자리를
빼앗기지 않으려고 정성을 쏟는다. 그렇다고 1등 기업이 얼마나 오
래갈 것인지 장담하기도 어렵다.

네이버는 다음카카오라는 새로운 상대를 만났다. 상대는 반드시 네이버를 추격하여 1등을 하겠다며 도전장을 내밀었다. 1등 기업들은 이런 도전 앞에서 전전긍긍하는 경우가 너무나 많다.

그동안 너무 자만하지 않았나? 혹시 안일함에 빠져서 상대의 추격 사실을 인정하기는커녕 그런 사실조차 잊고 있었던 것은 아닌가? 하고 느낄 때가 있다.

이해진은 항상 벤처 정신을 강조하고 있다. 네이버는 1999년에 설립한 네이버컴이 그 뿌리이다. 당시 국내 인터넷 검색 시장은 다음, 야후, 라이코스 등 3개 포털이 지배하고 있었다. 하지만 1등을 반드시 차지하겠다는 네이버는 무서운 속도로 1위를 향해 돌진을 계속했다. 그 첫 무대는 설립 2년 만인 2001년에 이루어졌다. 라이코스를 제치고 포털 3강으로 고개를 내밀었다.

그리고 다시 1년 뒤인 2002년에는 선두 그룹인 야후를 따라잡았고, 또다시 1년이 지난 2003년에는 다음마저 제치고 마침내 1위로 등극하며 천하를 호령하기 시작하였다.

1등 네이버의 원동력으로 '통합 검색'과 '지식 검색' 서비스이다. 통합 검색 서비스는 이미 존재하는 정보를 찾아주는 데 머물러 있지 않고 한 걸음 더 나아가 정보를 적극적으로 생산하여 데이터베이스를 구축하여 활용하기 쉽도록 하는 데 초점을 맞추었다.

그때 인터넷은 영어로 된 정보가 거의 전부였다. 그런 흐름에서 영어가 아닌 한글로 된 정보의 양은 턱없이 부족했다. 그만큼 시장이 좁았다. 이미 다음과 야후 등이 제공하는 검색 서비스의 성능은 손색이 없는 수준이었다. 하지만 막상 검색할 것이 없는 형편이었다. 네이버는 바로 이 지점을 집중적으로 파고들었다. 그 결과는 놀라운 파급 효과를 불러왔다.

통합 검색 서비스에 대해 그는 이렇게 설명했다.

"한국어를 사용하는 이들도 영어를 쓰는 사람들만큼 필요한 정보를 쉽게 받기를 원한다. 그 욕구를 채워주자는 것이 우리 네이버의 목표다."

이용자들이 질문과 답변을 통해 데이터베이스를 구축해 나가는 지식 검색도 데이터베이스 구축 전략이라는 측면에서는 통합 검색과 그 뜻을 같이한다. 네이버는 통합 검색과 지식 검색의 성공을 발판 삼아 정상 고지에 올랐고, 정상 고지를 10년이 지나도록 변함없이 확고하게 지키고 있다.

1위 자리를 내주지 않고 있는 비결은 무엇일까? 네이버의 국내 인터넷 검색 점유율은 75% 수준이다. 네이버에 무릎을 꿇고 2위로 추락한 다음의 검색 점유율은 20% 선으로 네이버의 3분의 1에도 못 미친다.

달리기할 때 앞을 달리는 선발 주자가 선두를 계속 지키며 달리는 것보다 뒤를 쫓고 있는 후발 주자가 선두를 따라잡기가 더 수월하다는 것은 이미 잘 알려진 일이다. 후발 주자의 이점은 선발 주자를 보면서 따라가면 되지만, 선발 주자는 따라오는 후발 주자가 어디쯤 오는지 의식하면서 달려야 하므로 항상 불안해진다.

네이버는 이런 유리한 조건에서 혁신을 단행하며 전진했다. 그

혁신은 바로 검색이 아니라 데이터베이스 구축에 집중하는 것이었다. 더구나 선발 주자가 일으키는 시행착오나 실수를 하지 않아도 되었다. 요리상을 차리는 수고로움을 하는 대신에 선발 주자가 차려 놓은 요리상 위에서 마음의 드는 것을 골라 먹도록 하는 것이나 마찬가지였으니, 얼마나 편리한가? 이런 전략이 2등 네이버를 1등 네이버로 끌어올리는 원동력이었다.

앞서 가는 1등 기업의 불안함과 초조함이 추격전을 펴며 따라가며 2등 기업에게는 더 없는 기회를 제공하는 경우가 많다. 1등은 불안과 초조함으로 2등 또는 그 이하로 밀려나고 뒤를 쫓아오던 2등이나 3등이 정상의 영화와 번영을 누리게 되면서 그 순위가 바뀌는 것이다. 그러나 글로벌 시장, 서비스 업계에서는 영원한 승자도 영원한 패자도 없다. 항상 경쟁만이 있을 뿐이다.

절대 강자 네이버도 새로운 도전자에게 자유로울 수는 없다. 다음카카오가 출범하면서 네이버의 아성에 도전장을 내밀었기 때문이다. 과거 네이버가 다음의 아성에 도전했던 그때와는 상황이 정반대로 바뀌고 있는 셈이다.

다음카카오가 과연 네이버를 제치고 1위에 오를 수 있을지에 대해서는 사람마다 의견이 제각각이다. 하지만 다음카카오는 초반 무서운 기세로 네이버를 공격하는 추세이다.

네이버는 다음카카오 출범에 대해 이런 평가를 했다.

"다음카카오가 함께 해외 진출을 시도한다면 긍정적 자극이 될 것이다. 그러나 글로벌 기업은 많이 나올수록 좋다. 건전한 상대로

경쟁할 수 있을 것이니까. 하지만 1등을 무조건 제치겠다는 저주
의식은 곤란하다."

네이버의 1등주의

이해진 네이버 의장은 기자회견을 통해 '네이버의 1등주의'를 강
조하였다.

"나를 가리켜 은둔의 경영자라고 하는데, 나는 숨어서 일하는 사
람이 아니다. 회사의 일을 매우 열심히 하고 있다. 모든 것을 앞서
가는 1등주의를 목표로 하고 있다. 2등은 의미가 없다.

나를 가리켜 숨어 있다가 나타난다고들 말하는데, 그렇지 않다.
또한, 라인이 안 될 땐 숨어 있다가 잘 되니까 나타났다고 하는데
그런 것도 역시 아니다. 회사 설립자로서 영향력이 있지만, 내 역할
이 있다고 생각한다. 모든 것을 다 잘할 수는 없다."

그는 스스로 역할에 대해 서비스를 만들고 해외에서 싸우는 것이
며, 경영 등 다른 부분은 잘하는 분들과 팀을 짜서 진행하는 것이
기업이 강해지는 첫 번째 조건이라고 생각하고 있다. 사실 회사 설
립자들은 자기 역할을 잘 자리매김하고, 부족한 부분을 인정하고
좋은 분들과 팀을 짜는 게 중요하다고 여기고 있다.

"이런 일을 해왔던 것이지 뒤에서 숨어 있었던 것이 아니다. 열심
히 서비스를 만들고 있다. 김상헌 대표 등 많은 분이 있다. 그분들
이 책임과 권한을 가지고 1등주의를 실현하고자 열심히 일한다."

그는 축구를 예를 들어 설명하였다.

"나의 역할은 최전방 공격수라고 생각한다. 나는 해외 나가서 글로벌 기업들과 싸워서 시장을 얻어내야 한다. 후방을 지키는 사람들이 회사를 단단하게 투명하게 해줄 것이라고 믿고 그들을 지원하는 일이 나의 일이다. 옛날에는 최전방 공격수로 골도 넣고, 즉 좋은 서비스도 많이 만들었다고 생각했는데, 최근에는 회사에서 좋은 후배들이 많이 나왔다. 더 좋은 감각으로 더 좋은 서비스를 많이 만들고 있다."

그는 센터 포트보다 라이트 윙 정도의 위치에서 센터링을 많이 올리겠다고 밝혔다. 후배들이 골을 넣도록 도와주는 것이 그의 역할이라고 강조했다. 네이버의 1등주의는 PC 검색에서 그대로 나타난다. 현재 PC 검색의 70% 정도를 네이버가 장악한다.

페이스북이나 구글과 같은 기업은 우리나라에 유한회사를 차려 놓고 영업을 하면서도 매출, 점유율 같은 것을 발표하지도 않는다. 그런 자료도 없다. 그래서 데이터가 있는 네이버만 타깃이 되고 있다는 것이다. 그는 네이버의 1등주의에 대해 비교적 소상하게 밝혔다.

"네이버 라인의 다음 수익 모델이 업계의 주목을 받고 있다. 수익 모델은 모든 인터넷 기업의 걱정이다. 다양한 서비스가 나오고 있지만, 아직도 게임 광고 등 기본적인 것 외에는 매출 모델이 안나오고 있기 때문이다. 그러나 인터넷 사업은 사용자 확보가 우선이라 모두가 여기에 집중하고 있다. 더구나 일본과 동남아 지역에서 사용자들이 잘 반응하고 있다. 그래서 1인당 매출은 좋은 위치를 차지하고 있다. 하지만 수익 모델 추가는 모두가 풀어야 할 큰 숙제라고 생각한다."

네이버는 정말로 두려운 경쟁자가 나타났다고 보고 있다. PC에서는 잘하고 있지만, 모바일에서는 카카오가 절대 강자로 등장하고 있다는 분석이다. 그렇게 보는 까닭은 다음과 카카오가 합병하면서 엄청난 파괴력을 보이고 있다는 것이다. 다음과 카카오의 합병은 우리나라 인터넷 기업 역사상 최대의 빅딜로 평가받고 있다.

이해진은 네이버 직원들이 1등주의를 지켜 나아가기 위해 긴장하고 있다고 밝혔다.

"다음카카오도 네이버와의 경쟁을 인식하고 또 인정한다. 네이버와 다음카카오가 서로 더 열심히 경쟁하고, 더 좋은 서비스를 만들어 주기를 이용자들은 바라고 있다. 네이버는 결과적으로 글로벌 업체와 싸워서 이겨야 한다는 긴박감을 안고 있는 셈이다. IT 업계에서 1등이 되고 이를 유지하는 것은 굉장히 힘이 든다. 마이크로소프트의 어려움, 야후코리아 철수 등 그런 강자들도 그렇게 되는 것을 보면 정말 사업을 열심히 한다는 자체부터 어려움이 따른다. 그래서 그다음 단계를 고민하지 않을 수 없다."

검색 엔진이 잘 되어야 네이버도 발전한다. 그렇게 되려면, 여러 콘텐츠 기업이 나타나야 네이버의 존재 가치도 커진다. 그런 곳이 많아져야 검색이 풍부해지고 네이버의 존재 가치도 생긴다. 일본에서는 계속해서 사업을 전개하겠지만, 그다음 시장을 찾아서 계속 전방 쪽으로 나가겠다는 것이다. 책임을 안 지고 피하는 것이 아니라, 맡은 소임에 최선을 다하겠다는 것이다.

　네이버에 쏟아지는 궁금증은 몇 가지가 있다. 구글에 대한 경쟁력, 서비스의 확장 문제, 네이버의 기업 문화 등이다. 엄청난 자금력과 실리콘밸리의 그 어마어마한 회사들을 생각해 보면 구글과 경쟁한다는 것 자체가 무척 부담되고 또한 불리할 수밖에 없다.

　네이버 메신저 '라인'은 4억 명의 가입자를 기록한 데 이어 다시 5억 명 돌파를 눈앞에 두고 있다.

네이버 사옥

　그는 질 좋은 서비스를 미사일에 비교한다. 좋은 서비스를 제공하는 문제는 참으로 어려운 과제이다. 사업이라는 것은 대포를 쏘는 것이 아니라 미사일을 쏘는 것과 같다. 무조건 계획한 곳에 정확하게 떨어져야만 하기 때문이다.

사용자들을 계속 만족하게 해야 하는 것이 서비스의 목표이다. 그래서 끝까지 쫓아가서 목적을 달성하는 미사일과 비슷하다. 그런데 현실은 그렇지 못하다. 서비스하다 보면 목적한 데로 떨어지는 대포와는 다른 경우가 종종 생긴다.

사업 아이템도 중요하지만 좋은 사람, 열정 등이 훨씬 중요하다. 사업을 하다 보면 다른 걸로 성공하기도 하지만, 결국 사람은 같은 사람들이다. 그래서 네이버는 사람을 보고 사업을 한다. 네이버의 기업 문화는 지난 15년간 매년 달라졌다.

그 가운데서도 변함없는 사업의 투명성과 인터넷 서비스의 품질 개선에 대한 자부심이 대단하다. 이와 함께 해외 글로벌 시장에 대한 열정도 쉬지 않고 이어지고 있다.

인터넷엔 지역 구분이 없다

이해진 네이버 의장은 기자회견을 통해 계속 강조했다.

"인터넷이란 곳은 정말 큰 곳이나 작은 곳이나 지역적 구분이 없다. 전 세계 모든 검색은 모두 1등이 70~80% 정도를 차지한다. 검색에 관해서 2등에는 관심이 없다는 것이다. 그래서 검색은 1등이 모두 차지하는 것이 현실이 되고 있다."

네이버에는 아마추어 작가들이 무려 14만 명에 이른다. 이들이 활동하는 분야는 다양하다. 현실 사회에서는 출판사에서 책을 출판한다는 일이 쉽지 않지만, 그 수많은 사람이 인터넷을 통해 능력을 발휘하면서 유명해지고 있다.

아마추어 작가들은 네이버를 통해 행복하게 창의력을 발휘하고 있다. 그뿐만이 아니라 연봉도 좋고 해외에서도 팬이 생기고 있다. 영어로 번역해 해외 진출도 지원할 것이라고 한다. 웹툰 같은 모델이 웹 소설, 애니메이션, 일러스트레이션 뮤직, 이런 콘텐츠 분야마다 아마추어들이 자기 꿈을 이룰 수 있도록 지원하겠다고 한다. 그렇게 된다면 정말 신나고 정말 즐거운 일이 벌어질 것이다.

이해진은 이에 대해 희망을 품고 있다.

"인터넷이 희망하는 아름다운 사회가 이루어질 수 있는 그런 단계로 가까이 다가서고 있다. 꿈이 아니라 현실로 다가서고 있다고 생각한다. 이렇게 꿈을 펼 수 있는 자신감을 가지는 이유는 네이버가 1등이기 때문이라고 생각한다. 만일에 구글이 1등이었다면 절대 이렇게 할 수 없을 것이다."

라인 같은 채팅에 대해 기반 플랫폼을 보면 수익 배분 문제가 제기되고 있다. 특히 네이버는 수익 배분을 어떻게 해야 할지 고민이다. 콘텐츠 제작자와 수익 분배는 정말 중요한 문제 가운데 하나다. 콘텐츠를 위한 정책을 펴야 한다는 것이 네이버가 풀어가야 할 과제로 떠오른 것이다.

인터넷이 정말 아름다운 사회를 이끌어가는 구심점이 될 수 있을까? 이 물음에도 여러 가지 숙제가 걸려 있다. 수수료율 문제가 그것이다. 콘텐츠 제작 유통 업체들이 수익을 내기가 너무나 힘든 구조 때문이다. 그들이 앞으로 구글처럼 30% 정도의 수수료율을 가져간다면 네이버는 어떤 정책을 펴더라도, 무슨 일을 해도 쉽지 않고 어려움이 따르게 된다.

인터넷 시대가 열리면서 상황이 엄청 달라졌다. 이에 대해서도 네이버는 고민해야 한다. 이에 대한 숙제는 여러 가지 시도를 통해 풀어가야 한다고 생각하고 있다. 그런 숙제를 풀기 위한 후보가 될 수 있는 서비스를 마련해야 하는데 그에 대한 기대도 크다. 사물인터넷이나 비전에 대해서는 아직 이렇다저렇다 말할 수 있는 단계가 아니라고 이해진은 선을 그었다.

더구나 앞으로의 전략에 대해서는 네이버가 세일 조직을 구상하고 있지만, 새로운 사업을 구상하는 후배들이 더 많으므로 후배들을 돕는 일을 계속할 것이라고 밝혔다.

네이버는 미국, 일본 여러 지역에 진출해 있다. 그러나 중국 진출에는 무척 신경을 곤두세우고 있다. 미국도 그렇지만 중국은 정말 두려운 상대라고 보기 때문이다.

네이버도 해외 진출을 진행하는 가장 큰 이유는 과거에 한국에서 자리를 잘 잡았지만, 한국에서 계속 잘 살아남을 수 있을 것인가 하는 위기감이 높았기 때문이다. 그래서 일본과 한국을 합치면 더 큰 시장 규모가 형성되면서 안정 기반을 구축할 수 있으리라는 생각에서 일본에 진출한 것이다. 지금 중국 시장을 바라보면 일본과 계속 손잡는 것보다는 중국과 손잡는 것이 더 큰 시장을 점령할 수 있다고 생각한다. 중국으로 가야 한다는 것은 당연하다. 그래서 중국을 선택할 수밖에 없다는 것이 그의 생각이다.

네이버가 미국에 이어 중국 기업과 어떻게 싸워서 이길 수 있을까? 하는 것이 정말 걱정이다. 앓는 소리가 아니라, 내부적으로 많은 고민을 하고 있다고 그는 밝혔다. 여기에는 인력과 자금, 언어적 소통 문제, 국가적 브랜드 이미지, 매니지먼트 등 다른 나라 기업을 합병하는 데 따른 문제부터 풀어야 한다. 그렇게 하기에는 네이버가 아직 부족한 부분이 많다고 스스로 평가한다.

라인 가입자 5억 명을 바라보는 네이버는 그래도 계속 가입자 늘리기에 주력하고 있다. 다만, 라인의 가입자 확충과 수익을 내는 일은 다르다. 균형과 조화를 이룩해야 하는데 현재 경쟁 상황을 보면 모바일 메신저는 세력 싸움이 너무 치열하다는 것이다. 전 세계 왓츠 앱이 가장 크다. 그런 데서 밀리지 않으려면 일단은 수익보다는 장기적으로 세력을 키우면서 지배력을 갖고 싸워야 하는데 그 문제가 쉽지 않은 실정이다.

라인 몇 명이라는 숫자가 중요한 것은 아니다. 가입자 수보다는 어떤 나라에서 1등을 하느냐가 더 중요하다. 다른 기업이 1등을 하고 있는 나라를 뚫고 들어가 네이버가 1등을 한다는 것은 그만큼 어렵고 치밀한 전략이 필요하며 매우 힘든 일이다.

하지만 아직 스마트폰 메신저가 초기 단계인 나라도 많다. 나라별로 확실한 1등이 나타나는 시점까지는 여러 메신저 회사들이 서로 경쟁하면서 노력할 것이다. 네이버는 바로 그 점에 주안점을 두고 있다.

이해진은 하루의 일과 중 주어진 일에 열중하는 CEO로 유명하다. 그러면서도 회사의 후배들이 더 빨리 성장하도록 돕는데 정성을 기울인다. 이것이 바로 CEO로서 해야 할 의무라고 생각한다. 후배들의 이야기를 열심히 즐겨 듣고, 고민을 해결해 주고, 도와주는 일에도 정성을 다한다.

이해진 의장은 이런 말로 자신을 설명했다.

"은둔의 경영자란 말은 뒤에서 조종하면서 책임을 안 지는 것을 가리키는데, 나를 그렇게 보는 것은 정말 억울하다. 나는 날마다 회의하고 같이 일한다. 업무 역할도 열심히 하고 있다. 회사의 투명성에 대한 점도, 자회사가 많아 문어발이라고 하는데 지분과 역할을 보고 판단해 달라. 대한민국 기업 중에서도 좋은 모델이 되기 위해 열심히 많이 노력하고 있다. 잘 지켜보고 도와 달라."

진실로 고객은 왕이다

네이버 주식회사는 1999년 6월 2일 설립했다. 회사의 공식 명칭은 네이버 주식회사(Naver Corporation)이다. 네이버 및 종속 회사들의 주요 서비스는 인터넷 포털 서비스 네이버와 글로벌 메신저 라인(LINE), 소셜 네트워크 서비스인 밴드(BAND) 등이 있다.

이러한 다양한 인터넷 서비스를 기반으로 검색 광고, 디스플레이 광고 등의 온라인 광고 사업과 디지털 아이템 라인을 통한 모바일 게임, 스티커 등이다. 유료화 등을 통해 매출을 창출하고 있다. 온라인 광고 사업은 네이버의 계열 회사인 네이버 비즈니스 플랫폼㈜을 통해서 영업 및 관리가 이루어진다. 일본 온라인 및 라인(LINE) 사업은 라인 그룹(LINE Corp)이 운영하고 있다. 사업 목표는 스마트폰 커뮤니케이션 인프라 플랫폼을 구축하는 것이다. 이는 스마트폰 커뮤니케이션에서 이용자끼리 연결하는 데 필요한 시스템을 제공하는 가상적 공간을 제공하는 것이 목표이다.

라인은 2011년 6월 23일 일본에서 처음으로 서비스를 개시한 이래 16개국 언어로 230여 개국에서 4억 명의 이용자가 사용하고 있다. 올해 전 세계 가입자 수 5억 명을 목표로 하고 있으며, 2016년까지 가입자 수를 10억 명으로 늘린다는 방침이다. 라인은 현재 일본에서 독보적인 국민 메신저로 자리매김하고 있다. 그 밖의 나라에서도 1등이 된다는 목표로 국가별 지역별 특화 마케팅을 펼치고 있다.

현대 사회에서는 환경 변화가 너무나 급속하게 이루어지고 있다. 이에 따라 제품, 서비스의 수명 주기가 무척 짧아졌다. 이러한 현상은 기업에게 새로운 기회인 동시에 새로운 경쟁으로 인한 위험 요인이 되고 있다. 핵심 서비스는 바로 메신저 서비스이다. '소중한 사람과의 연락'이라는 명제를 바탕으로 탄생한 서비스인 만큼 라인이 고객의 본질적인 욕구를 충족시켜 주는 부분을 바로 메신저 송수신에 두고 있다.

많은 소비자는 메신저 어플을 통해 친구에게 선물을 보낸다거나 메신저에 들어가는 스티커 등을 사며 라인을 더욱 많이 이용하고 있다. 핵심 서비스를 포함하여 라인의 모든 서비스를 이용하기 위해서는 소비자는 안드로이드 마켓이나 애플 앱 스토어 등 가치 지원 서비스인 앱을 다운받을 수 있는 마켓을 반드시 이용해야 한다. 여기서 주의할 점은 컴퓨터용 라인은 제외된다는 것이다.

"한국 1위 포털 사이트 네이버에 고객 센터가 없다?"

어떤 이용자가 불만스럽다며 토해낸 말이다. 그 이용자는 네이버 측과 편리하게 직접 소통하기가 매우 힘들다고 불만을 터뜨린 것이다. 이용자들이 간편하게 전화로 불만 사항을 접수할 수 있는 고객 센터 전화번호가 찾기 어렵다는 것이 첫 번째 이유였고, 두 번째는 많은 사람이 이용하는 블로그, 메일, 검색 등에 관한 문의를 하고자 해도 아예 전화조차 받지 않고 이메일로만 보내라는 일방 통로뿐이라는 것이다.

네이버 이용자들은 네이버 온라인 고객 센터는 메일, 검색, 블로그, 앱스토어 등 여러 분야별로 자주 들어오는 질문 위주로 답변이 미리 제공된 점이 아주 독특하다고 지적했다. 이런 현상은 여러 가지 궁금증이 있는 사용자가 직접 자신과 유사한 문제점을 찾아 스스로 해결하도록 유도하면서 생겨난 것이다. 그래서 일방적이고 피상적이며 보편적인 해결책만 담겨 있다. 이용자가 궁금한 것, 알고자 하는 것, 풀리지 않은 수수께끼 같은 문제에 대해 원하는 답변을 듣기가 어렵다는 불만이다.

일반적으로 온라인상에서 해결하지 못하는 고객의 불만 사항은 고객 센터로 전화를 걸어 해결하는 것이 사회적인 현실이다. 네이버도 처음에는 고객 센터에서 이용자들의 불만 사항을 전화로 받아 상담 처리하였다. 그런데 무슨 이유에서인지 고객 센터 전면에 크게 안내돼 있던 전화번호가 사라졌다는 불만이다. 그러나 사라진 것이 아니라 잘 보이지 않는 메인 화면 맨 아랫단의 위치 안내를

클릭해야 비로소 네이버의 고객 센터 전화번호가 나타나도록 시스템을 바꾼 것이다. 그러면서 네이버는 고객 센터를 검색했을 때 검색 결과에서 고객 센터 전화번호를 제공하지 않고 있다.

네이버 검색창에 '네이버 고객 센터'를 검색하면 '네이버 도움말'이라는 온라인 고객 센터로 연결되는 링크가 뜬다. 네이버 사이트에서 어렵게 고객 센터 번호를 찾았다 해도 블로그, 검색, 메일 등 많은 사람이 이용하는 서비스에 대해서는 전화 상담을 실행하지 않는다. 고객 센터에 전화를 걸면 자동응답 서비스(ARS)를 통해 이런 안내가 나온다.

"블로그, 검색, 메일 등 각 서비스의 이용 방법과 문의는 PC와 스마트폰 구분 없이 온라인 고객 센터를 통해 문제를 해결하시거나 이메일로 1 대 1 상담을 받을 수 있습니다. 검색창에서 네이버 고객 센터를 검색하기 바랍니다."

따라서 블로그나 검색과 관련하여 궁금증을 풀고자 하는 이용자들은 네이버 도움말의 예시 질문 응답 코너나 이메일 문의를 통해 답변을 기다릴 수밖에 없는 실정이다. 이에 대한 네이버의 설명은 전혀 다르다.

"온라인 기업이기 때문에, 고객들이 불편 사항과 궁금증을 직접 온라인에서 스스로 해결하도록 하는 것이 훨씬 효과적이고 편리할 것으로 생각한다. 고객들에게 불편을 주고자 하는 의도는 아니다. 유해 게시물이나 권리 침해 신고 등 심각한 사안에 대해서는 24시간 고객 상담 전화로 해결해 준다. 사실 고객 센터도 운영하지 않고 오로지 이메일 문의만을 받고 있는 구글이나 페이스북 등 외국계 기업들과는 근본부터 다르다. 우리는 진실로 고객을 왕으로 섬긴다."

호기심과 열정을 가져라

이 세상에 호기심이 없는 사람은 아무도 없다. 다만, 그 호기심의 정도가 엷은 사람은 발전의 진도가 느리고 뒤처질 뿐이다. 호기심은 충동과 욕망을 불러온다. '어째서?', '왜?', '어떻게?'라는 등등의 궁금증을 갖게 하는 동시에 그를 풀어보자 하는 의지를 갖추게 한다.

"호기심을 가진 사람은 흥미를 일으키고 창조의 꿈을 실현하게 한다."

사실 이해진은 어렸을 적부터 유난스러울 정도로 호기심이 많았다. 그가 컴퓨터에 푹 빠지게 된 것도 신기한 호기심과 끝없는 흥미 때문이다. 그래서 밤을 새워가면서 컴퓨터 자판을 두들기며 몰입하기를 수없이 되풀이하였다. 그러한 끈질긴 뚝심과 의욕으로 서울대를 넘어 카이스트의 괴짜라는 소리를 들었다. 그런 호기심이 없고 흥미도 없었다면 추진력도 없었을 것이다. 그러나 그에게는 호기심이 강했고 흥미도 강해서 인터넷 세상을 휘젓는 연구를 줄기차게 밀고 나아갔다.

"오늘날은 첨단 과학 문명으로 지구촌이 풍요롭고 좁아졌다. 우리가 사용하는 수많은 상품은 모두 기발한 호기심과 강렬한 흥미로부터 탄생한 것들이다. 어느 것 하나라도 우연히 만들어진 것은 없다."

호기심은 창조의 씨앗이다. 왜 그렇지? 어떻게 하였지? 하는 의문이 꼬리를 물고 이어진 끝에 새로운 것을 만들어 낸 것이다. 생각하고 그 생각에 푹 빠지면 빠질수록 새로운 아이디어가 솟아난다는 것이 첨단 과학자들의 말이다.

이해진의 호기심과 흥미는 그만이 독점하는 것은 절대 아니다. 그의 호기심과 흥미는 초등학교 시절부터 싹이 트고 자랐다.

호기심은 매우 중요하다. 특히 전자공학을 공부하는 학생에게 호기심이 없고 흥미도 없다면 미지의 세계를 헤쳐 나아갈 수 없다. 호기심이 발동해야 흥미를 느끼면서 문제의 속으로 들어갈수 있기 때문이다. 그런 까닭에 호기심은 일을 시작하게 하는 첫 단계이고 흥미는 끌고 나아가게 하는 에너지가 되는 것이다.

"수증기가 주전자 뚜껑을 흔들어 댄다. 수증기의 힘을 이용한다면?"

영국의 와트는 난로 위의 주전자 물이 끓는 것을 보다가 호기심을 일으켰다. 그런 호기심이 흥미를 유발하고 땀과 열정을 쏟게 하여 마침내 증기기관을 만들어 냈다. 그것이 오늘날 꿈의 열차인 고속철도로 발전된 것이다.

미국의 벨도 마찬가지다. '소리를 멀리 전달할 수 있다면 세상은 훨씬 좁아질 것'이라는 호기심이 전화를 만들어 냈고, 세상을 좁혀 놓았다. 이제는 휴대폰 스마트폰으로 비약되면서 지구촌이 더욱 좁아졌다.

독일 출생의 미국 과학자 아인슈타인은 어린 시절에 나침반의 바늘이 언제나 북쪽을 가리키고 있다는 사실을 주목하고 '왜 그런가?' 하는 호기심을 일으켰다. 그는 재미있는 말을 했다.

"나는 특별한 천재가 아니다. 대학교도 재수하여 들어갔다. 나는 재능은 없고 오직 강력한 호기심을 갖고 있을 뿐이다."

그런 아인슈타인이지만 불타는 호기심과 강렬한 흥미로 상대성 이론을 밝혀냈다. 이름난 유명한 과학자라고 모두 천재는 아니다. 세계적인 과학자나 평범한 직원이나 모두 잠재력을 가지고 있다. 다만, 호기심과 흥미의 차이가 있을 뿐이다. 발명가나 사업가나 모두가 우연한 일로 성공하는 것은 아니다. 호기심을 흥미로 발전시키고 연구를 거듭하여 드디어 발명품을 만들어 낸 것이다.

"최고가 되자!"

성실함이 없는 사람은 진취성이 약하고 충성심이 부족하다. 성실함은 인간 됨됨이의 근본이 된다. 자기 자신에게 성실하고 인간관계에 성실한 사람은 사회와 국가에 성실하며 충성을 다하는 사람이다. 성실하지 못한 사람을 용인해 주는 조직은 그 어디에도 없다. 성실함은 사람이 세상을 살아가는데 가장 기초 덕목이다. 학교에서도 그렇고 직장에서도 그렇고, 사회에서도 그렇다. 성실하지 못하다면 모든 일이 매끄럽게 제대로 돌아가지 못한다.

평소 수업 시간에 성실하게 열심히 공부한 학생은 성실성이 몸에 배어 좋은 상급 학교로 진학한다. 졸업 후에는 좋은 일터로 들어가서도 성실함을 잃지 않고 열심히 근무하여 윗사람의 신임을 받고 승승장구하며 발전하게 된다. 그러나 성실하지 못하고 얼렁뚱땅한 사람은 대부분이 그 반대가 되고 만다. 그래서 성실은 인간의 됨됨이와 인품(人品)을 평가하는 잣대가 된다. 성실한 사람은 언제 어디서 어떤 일을 하든 성공의 길을 가도록 하늘이 도와준다. 성공한 사람들에게는 공통된 것이 하나 있다. 바로 성실함, 그것이다.

이해진은 대학 시절에 컴퓨터에 푹 빠졌다. 그런 그가 컴퓨터를 통해 인터넷 세상을 다스리는 CEO로 변신한 것이다. 사실 대학 시절에 컴퓨터 인터넷으로 억만장자가 될 것이라는 생각을 한 것은 아니었다. 그런데 회사를 차리고 컴퓨터 사업을 전개한 것이니 피할 수 없는 운명인지 모른다.

"미래를 향해 달려가라. 적극적이고 진취적이며 주도적으로 자신의 능력을 다듬고 키워라."

그가 어린 학생들에게 들려주는 소망이다. 이 말은 자신을 더욱 가치 있는 사람이 되도록 만들어야 한다는 말이다. 그렇게 해야 기업이 원하는 사람이 될 수 있고 조직을 이끌 수 있는 지도자가 된다는 충고이다.

"학교 공부가 평생을 인도하지는 않는다. 졸업하고 사회에 진출하면 학교 시절에 익히고 쌓은 지식은 점점 사라지고 새로운 지식이 형성된다. 공부는 학교에서만 하는 것이 아니라 가정과 직장, 사회 어디서나 계속되어야 한다. 지식의 흐름은 유행의 물결처럼 흘러간다. 오늘날의 지식이 1년 또는 2년 후에는 모두 과거의 추억이 될 것이다."

그의 생각이다. 그래서 인터넷으로 새로운 세계, 새로운 지식, 새로운 학습을 일깨워 주는데 정성을 쏟고 있다. 첨단 과학이 발달하고 새로운 지식이 쏟아지는 세상에서는 어떻게 해야 하는가? 컴퓨터는 점점 똑똑해지는데, 사람이 그걸 활용하지 못하면 어떻게 되는가? 오직 줄기찬 공부가 답이다. 끊임없이 공부하고, 평생을 공부하고, 평생을 교육하는 것뿐이다. 인터넷 CEO 이해진이 강조하는 말이다.

지금 우리는 엄청난 빠르기로 변화하는 시대를 살아간다. 첨단과학 기술이 사람들의 생활습관을 바꿔주고 인터넷 문명이 지구촌을 초고속으로 중계하며 변화시켜 주고 있다. 오늘날은 이름만 들은 낯선 고장을 찾아가고자 할 때 그 목적지만 지정하면 자동으로 빠르고 안전한 길을 찾아가는 내비게이션 시대, 병원에 가지 않고도 집 안에서 진료가 가능한 컴퓨터 시스템 시대, 은행에 가지 않고도 출금과 송금이 이루어지는 전자 금융 시스템 시대이다. 그래서 인터넷의 위력은 절대적이다.

그뿐만이 아니다. 미지의 세계, 의문의 세계 속으로도 인터넷으로 간단히 들어가 찾는다. 옛날의 문맹자는 글을 모르는 사람을 가리켰는데, 지금의 문맹자는 인터넷을 모르는 사람을 가리키는 것으로 변했다. 컴퓨터를 모르는 사람을 컴맹이라 하고, 인터넷을 할 줄 모르는 사람을 인맹이라고 하는 말까지 생겼다.

이해진은 이런 사람들의 눈을 열어주고 귀를 열어주고 있다. 공부하지 않으면 자신의 능력을 향상할 수도 없고, 세상의 흐름에 따라가기도 힘든 세상이 되었다. 날이 갈수록 경쟁은 더욱 치열해질 것이 틀림없다. 남보다 더 좋은 대학에 진학하고, 남들보다 더 좋은 직장에 들어가고, 더 질 좋은 대우를 받으며 자신의 일생을 펼쳐나

가는데 필수 조건은 능력과 자질이기 때문에 이를 계발하기 위하여 공부하지 않을 수 없는 세상을 맞았다.

자신을 향상하는 일은 배움이 열쇠이다. 배우지 않고서는 어떤 능력도 향상할 수 없고 따라서 경쟁에서 뒤처질 수밖에 없다. 이를 해결하는 방법은 공부하는 습관을 기르는 것이다. 치열한 경쟁 속에서 살아남으려면 쉬지 않고 자기를 다듬고 계발하는 것뿐이다.

"첨단 문명 시대에 필요한 것은 신기술을 창조하고 개발하여 서비스하는 것이다."

이해진의 생각과 판단은 정확하다. 새로운 기술을 익히고 또 새로운 기술을 창조하는 데 모든 열성을 쏟고 있다. 미래의 경쟁은 지식과 기능, 곧 학습의 경쟁이자 능력의 경쟁이다. 경쟁의 상대자보다 더 많이 배워야 이길 수 있다.

"컴퓨터 시대에서 공부하는 학생, 인터넷 세상에서 일하려는 사람들은 모험 정신이 강하고 열정이 많은 사람이어야 한다. 나에게는 새로운 시스템에 대해 왜 그런가? 하고 생각하는 사람이 필요하다. 나도 만들어 보고 싶다는 모험정신, 그리고 일에 대한 뜨거운 열정을 가진 사람이 필요하다."

이해진이 강조하는 말이다.

인터넷 세상에서는 날마다 새로운 정보가 쏟아진다. 초고속으로 변화하는 세상에서 날마다 똑같은 일을 되풀이한다면 시대에 뒤질 뿐이다. 그러나 일의 변화는 열정에 따라 큰 차이를 보여준다. 똑같은 일을 한다고 해도 열정을 가지고 정성을 다할 때는 능수능란하게 척척 일하여 놀라운 성과를 올린다. 반대로 열정이 없으면 마지못해 일하므로 일에 대한 싫증이 생기고 게을러져서 일의 결과에 대해 무관심해진다. 일에 관심이 없어지면 능률이 오르지 않고 잠재력도 발휘되지 않는다.

"열정은 재능보다 더 중요하다. 공부나 일이나 미치도록 열정을 쏟아 부어라. 그건 일에 대한 필수 조건이다. 이 조건을 갖추면 누구나 좋은 성과를 올릴 수 있다."

이해진은 미국의 세계적 컴퓨터 황제 빌 게이츠의 이 말을 공감하고 있다. 가장 중요한 덕목은 능력이 아니라 일에 대한 열정이라고 믿기 때문이다. 그 열정이 네이버 기업 문화의 초석이 되었고, 컴퓨터를 통한 네이버 제국을 건설하게 만든 원동력이다. 그러나 재능이 있는 사람이라 해도 열정이 없으면 능히 일할 수 있는 일도 제대로 못 하는 경우가 생긴다. 네이버는 열정이 넘치는 사람이 재능을 뛰어넘어 더 큰 일을 해내는 것을 보여 주고 있다.

"인터넷은 우리에게 가장 중요한 혈맥이다. 우리는 무한한 열정과 희생정신으로 이 혁신 제품을 보호하고 지켜갈 것이다."

벌거벗은 정보 홍수 시대를 맞으면서 정보의 공개가 거의 무제한으로 펼쳐진다는 데 고민하고 있다. 그래서 개인의 정보를 보호해 주는 데 신경을 쓴다. 다만, 가입자들이 마구 퍼 나르는 것이 문제다. 이를 차단하는 방법을 찾아야 한다는 새로운 고민에 빠진 것이다. 그러나 그 방법을 찾는다는 일이 쉽지 않다는 데 문제가 있다.

벌거벗은 알몸보다는 적당히 벗은 사람이 더 아름답게 보인다.

너무 홀딱 공개한 정보보다는 가릴 것은 가리고 감출 것은 감추는 모습이 더 관심을 끈다. 정보산업 시장에서는 미래를 더욱 정확히 예측하고 대책을 세울 수 있는 사람만이 성공할 수 있다. 그러나 그런 사람은 매우 드물다. 인간이기 때문이다.

이해진은 네이버를 통해 이를 실현하고 인터넷 세상을 이끌어 가는 CEO이다.

▲ 네이버의 이해진 의장

- 1967년 출생
- 180cm, 65kg, B형
- 서울 상문고 졸업
- 서울대학교 공대 컴퓨터공학과 졸업
- 한국과학기술원 전산학과 석사
- 삼성 데이타시스템 정보기술연구소 전임연구원
- 삼성 SDS 사내벤처 네이버 소사장
- 네이버컴 대표이사 사장 및 공동대표
- 네이버컴 명칭을 NBN으로 변경, 공동대표
- 한국정보산업연합회 부회장
- NHN 이사회 의장 CSO(전략임원) 부사장
- NHN CSO 켐 이지브 부문장
- 네이버 이사회 의장
- 즐기는 운동: 농구
- 《포브스》 선정 2004 올해의 CEO
- 세계경제포럼 2007년 올해의 차세대 리더
- 한국통신학회 2014 정보통신 대상

방시혁 의장 스토리

방탄소년단을 월드 스타로 키워

방시혁 하이브(HYBE) 이사회 의장은 빅히트 엔터테인먼트 대표로 IT 기술을 음악 산업에 응용하여 방탄소년단을 월드 스타로 육성하면서, 한류 열풍을 세계적으로 일으킨 인물로 유명하다. 그 멤버로 RM 김남준, 슈가 민윤기, 진 김석진, 제이홉 정호석, 지민 박지민, 뷔 김태형, 정국 전정국 7명과 가수 에이트의 이현이 있다.

방탄소년단이 세계적으로 이름을 떨치면서 그들을 이끌고 있는 방시혁 대표 역시 스타가 되었다. 그는 뛰어난 실력으로 새로움을 창출해 내는 사람, 꾸준히 대한민국 가요계를 위해 큰 일을 하는 사람이라는 것도 사실이다.

방탄소년단의 노래는 젊은이들의 공감을 자아내는 주제 의식을 녹여 담고 엮어내어 전 세계를 강타, 국가와 남녀노소를 초월해 모두의 공감을 얻으면서 독보적 차별점을 보여 주고 있다. 코로나19

사태 속에서도 희망과 긍정, 위로와 공감의 메시지를 전달했다는 찬사가 이어졌다.

이들은 디스코 팝 장르부터 댄스 팝 장르까지 여러 곡이 전하고자 하는 메시지에 부합하는 음악적 요소들을 적절히 활용하며 자신들이 목소리와 율동을 아낌없이 전달한다. 아름다운 선율에 유쾌한 메시지, 인간의 경지를 초월한 신비로운 목소리는 이 시대를 살아가는 이들에게 다양한 울림으로 전달되고 스며든다. 세계를 열광케 하는 진정한 월드 스타는 방시혁 하이브 의장의 역량과 기획력이 빚어낸 종합 예술이다.

2013년 6월 그의 회사에서 방탄소년단이 첫선을 보였다. 실력과 비주얼, 춤까지 어느 하나 빠지지 않는 보이 그룹으로 데뷔 초기부터 두각을 나타냈다. 첫 무대부터 독보적인 캐릭터로 수많은 아이돌 속에서 주목을 받았다. 특히 해외에서는 각종 앨범 차트들을 휩쓸며 2017년 5월에 드디어 빌보드 뮤직 어워드에서 아티스트 상을 수상하였다.

방탄소년단은 빌보드 메인 앨범 차트에서 신기록 7위를 달성하고 성공적으로 미국 무대에 당당하게 올랐다. 케이팝(K-pop) 아이돌로 미국에 아이튠즈 송 차트 1위에 오른 이래 지금까지도 꾸준히 그 인기를 이어가며 누린다. 덩달아 제작자 방시혁도 함께 많은 주목을 받는 월드 스타가 되었다. 그는 2019년에 미국 버라이어티가 선정한 '인터내셔널 뮤직 리더'로 2년 연속 선정됐다.

'방탄소년단'이라는 이름이 무척 색다르다 하여 궁금하게 여기는 사람들이 많다. 그 이름은 어떤 의미를 담고 있을까?

"방탄소년단(防彈少年團, Bulletproof Boy Scouts, BTS)은 2013년 6월 13일에 데뷔한 빅히트 뮤직 소속 대한민국 7인조 보이 그룹이다. 흔히 방시혁이 탄생시킨 소년단으로 알려져 있다. 방탄은 무엇이든 막아내는 것, 특히 10대, 20대를 위해 편견을 막아내고 활동하겠다는 뜻이다. 방탄복이 총알을 막아내는 것처럼, 살아가는 동안 힘든 일을 겪는 10대, 20대가 겪는 힘든 일과 편견, 억압을 막아내고 자신들의 음악적 가치를 당당히 지켜내겠다는 의미를 담고 있다. 과거와 미래를 아우르는 개념으로 의미를 확장시키고, 순간마다 청춘의 장면들을 뛰어넘는다는 의미를 가지고 있다."

방탄소년단은 현재 전 세계에서 3,000만 장가량의 음반을 판매하였고, 대한민국 역대 최다 음반 판매량을 기록한 음악 그룹으로 명성을 떨친다. 방탄소년단은 32개의 엠넷 아시안 뮤직 어워드, 29개의 멜론 뮤직 어워드, 24개의 골든 디스크, 23개의 기네스 세계 기록과 가온 차트 뮤직 어워드, 14개의 하이원 서울가요대상, 10개의 MTV 유럽 뮤직 어워드, 6개의 아메리칸 뮤직 어워드와 MTV 비디오 뮤직 어워드, 9개의 빌보드 뮤직 어워드, 명예의 전당 등재, 그리고 4개의 한국 대중음악상, 2개의 대한민국 대중문화예술상 등을 받는 등 엄청난 활동과 기록을 자랑한다.

대한민국 정부에서 수여한 화관문화훈장 기록 사상 최연소 수여자이기도 하다. 2018년 5월 미국의 음악 잡지 빌보드가 발표한 세계 음악 시장을 움직이는 '인터내셔널 파워 플레이어스'로 선정되었다. 빌보드는 "방시혁 대표가 프로듀싱한 그룹 방탄소년단의 '러브 유어셀프 승 허' 앨범이 전 세계적으로 160만 장 이상 팔렸고, 한국 그룹 최초로 빌보드 200 TOP 10 안에 이름을 올렸다."라고 소개했다.

독서 즐기며 스스로 연마

1972년생인 방시혁 의장은 집안 내력부터가 남다르다. 유복한 엘리트 가정의 1남 1녀 중 맏아들로 KS 마크라는 경기고~서울대 출신 인재라 더욱 주목을 받고 있다. 하지만 그의 이름을 빛나게 한 것은 유복한 가정, 폭넓은 인맥이 아니라, 스스로 부단하게 자신을 연마한 노력가라는 점이다.

그의 아버지(방극윤, 1939년생)는 전주고등학교, 고려대학교, 서울대학교 대학원을 졸업했다. 행정고시에 합격, 고용노동부에서 고위 관료로 근무했고, 서울지방노동청장과 근로복지공단 이사장을 역임한 엘리트이다. 어머니(최명자)는 전주여자고등학교, 서울대학교 출신으로, 전주여자고등학교 총동창회장을 지냈다. 외삼촌(최규식)은 제17 · 18대 국회의원과 주헝가리 대사를 지냈다. 그리고 네 살 위인 넷마블 방준혁 의장은 친척이다. 4촌 형이라는 얘기도 있다.

그의 어머니는 말했다. "시혁이는 한글과 수리를 꽤 빨리 터득했다. 피아노 학원에 보내거나 바이올린을 해 보라는 등 음악 공부를 시킨 일도 없다. 어려서부터 책을 많이 읽고 집중력이 뛰어난 아이였다. 학교 공부에 충실하면서 스스로 악보를 터득하고 음악을 좋아했다. 저 스스로 자기 소질을 계발하고 정진했다."

그는 중학교 시절 밴드부에서 활동, 여러 가지 악기가 들려주는 생기 넘치는 소리에 흠뻑 빠졌다. 그러면서도 공부 잘하는 모범생이었다. 경기고교를 거쳐 서울대학교에 들어갔지만, 음악가의 꿈을 접을 수가 없었다. 1994년 대학생으로 남성 듀오 체크의 '인어 이야기'를 발표하여 작곡가로 데뷔하고, 그해 열린 제6회 유재하 음악 경연대회에서 동상을 받았다.

1997년 박진영에 발탁돼 JYP 엔터테인먼트에서 프로듀서로 활동하면서 박진영 3집 수록곡 '이별 탈출'을 시작으로 '프라이데이 나이트', '하늘색 풍선', '난 사랑에 빠졌죠', '나쁜 남자' '아이 두' 등 많은 곡을 작곡했다.

2005년 독립하여 빅히트 엔터테인먼트를 설립하고 대표이사로 재직하며 임정희, 에이트, 2AM, 방탄소년단 등의 음반을 프로듀스하고 있다. 백지영의 '총 맞은 것처럼', 에이트의 '심장이 없어', 2AM의 '죽어도 못 보내', 현대자동차 i-30 CM송 '달라송' 등도 방시혁의 작품이다. 그의 재산은 32억 달러(3조 6,900억 원)로 대한민국 국내 부자 16위에 올라 있다.

방시혁은 그룹 방탄소년단이 미국 '빌보드 200' 7위에 오르고 K-팝 그룹 최초로 '2017 빌보드 뮤직 어워즈'에서 수상하면서 방탄소년단을 세계적 그룹으로 만들어 한류 확산에 기여한 공로를 인정받아 2017년 12월 5일 대한민국 콘텐츠 대상에서 해외 진출 문화 교류 공헌 유공자로 대통령 표창을 받았다.

감동적인 졸업식 축사

2019년 2월 제73회 서울대학교 전기 학위 수여식에 참석해 졸업식 축사를 했다.

이때 그는 "앞으로 졸업생들의 여정에는 부조리와 몰상식이 많이 놓여 있을 것이다. 여러분도 분노하고, 부조리에 맞서 싸워 사회를 변화시키길 바란다. 자신이 정의한 것이 아닌, 남이 만들어 놓은 목표와 꿈을 무작정 따르지 말라. 상식에 기초한 꿈을 키우고, 이를 좇아 사회에 기여하길 바란다"라고 격려하여 관심을 끌었다.

그는 축사에서 스스로 '꼰대'라면서 모교 후배들에게 "순간순간 최선을 다해 부조리함과 싸워 달라"라는 당부를 하여 많은 이의 공감을 끌어냈다. 더구나 "자신이 방탄소년단으로 큰 히트를 일으켰지만, 현실에 맞서 싸우는 과정에서 이룬 일이며 구체적인 꿈은 없었다"라고 솔직하게 밝혔다.

방시혁 의장의 서울대 축사(국민일보)

서울대 졸업식 축사 줄거리

모교 졸업식에서 축사를 한다는 건 무한한 영광이기에 총장님의 축사 제안을 덜컥 수락했지만 사실 이 자리에 서기까지 굉장히 많은 고민이 있었다. 저는 부정할 수 없는 기성세대이다 보니 저도 모르게 '꼰대 같은 이야기'를 하는 건 아닐까, 또 무엇보다 이제 대학을 졸업하고 첫걸음을 내딛는 여러분께 해드릴 의미 있는 이야기가 있는지 우려스러웠다.

저는 1980년대 말에 고등학교를 다녔는데, 공부를 조금 한다고 하면 서울 법대 가는 걸 당연히 여겨지던 시절이다. 재수를 각오하고 법대를 쓰느냐, 법대를 포기하고 안전하게 진학하느냐의 갈림길에 놓였지만, 안전을 선택했다. 재수는 하기 싫었다. '떨어지면 재수는 없다'고 생각했다.

미학과에 진학한 뒤 중학교 때부터 해왔던 음악은 뒷전으로 밀렸고 음악을 직업으로 하겠다는 생각은 완전히 잊게 됐다. 사실 큰 그림을 그리는 야망가도 아니고, 원대한 꿈을 꾸는 사람도 아니다. 정확히 말하면 구체적인 꿈 자체가 없었다. 꿈은 없지만 불만은 엄청 많았다. 오늘의 저와 빅 히트가 있기까지, 걸어온 길을 되돌아보면 분명하게 떠오르는 이미지는 바로 '불만 많은 사람'이었다.

세상에는 타협이 너무 많다. 분명 더 잘할 방법이 있는데도 사람들은 튀기 싫어서, 일 만드는 게 껄끄러우니까 주변 사람들에게 폐 끼치는 게 싫어서, 혹은 원래 그렇게 했으니까, 갖가지 이유로 입을 다물고 현실에 안주한다. 태생적으로 그걸 못 하겠다. 불만이 분노로 변한다. 최고가 아닌 차선을 택하는 '무사안일'에 분노했고, 더 완벽한 콘텐츠를 만들 수 있는데 여러 핑계로 적당한 선에서 끝내려는 관습과 관행에 화를 냈다.

작곡가로 음악에 종사한 지 21년째인데, 음악이 좋아서 이 업에 뛰어든 동료와 후배들은 여전히 현실에 좌절하고 힘들어한다. 음악 산업이 안고 있는 악습들, 불공정 거래 관행, 사회적 낮은 평가, 그로 인해 부끄러워하는 젊은이들이 많다. 저는 혁명가는 아니다. 다만 음악 산업의 불합리, 부조리에 대해서는 간과할 수 없다. 외면하고 안주하고 타협하는 것은, 제가 살아가는 방식이 아니다. 원대한 꿈이 있거나 미래에 대한 큰 그림이 있어서가 아니다. 부당하다고 느끼기 때문이다.

앞으로도 꿈 없이 살 것이다. 알지 못하는 미래를 구체화하기 위해서 시간을 쓸 바에는, 지금 주어진 납득할 수 없는 문제를 개선해 나가겠다. 부끄럽지 않게 끊임없이 반성하고 자신을 갈고닦겠다. 지금 큰 꿈이 없다고 구체적인 미래의 모습을 그리지 못했다고 자괴감을 느낄 필요도 없다.

자신이 정의하지 않은 것, 남이 만들어 놓은 행복을 추구하려고 하지 말자. 그 시간에 소소한 일상의 한순간 한순간들에 최선을 다하기 위해서 노력하자. 반복은 습관이 되고, 습관은 소명이 되어 여러분의 앞길을 끌어 주리라 생각한다. 행복이 상식에 기반하길 바란다. 이제부터 시작될 인생의 다음 단계들을 행복 속에 잘 이겨내고 10년 후, 20년 후에, "내가 제법 잘 살아왔구나"라고 자평할 수 있는 여러분이 되기를 바란다.

저의 묘비에 "불만 많던 방시혁, 행복하게 살다 좋은 사람으로 축복받으며 눈감다"라고 적히면 좋겠다. 상식이 통하고 음악 콘텐츠와 그 소비자가 정당한 평가를 받는 그날까지, 저 또한 하루하루를 치열하게 살아갈 것이다. 격하게 분노하고, 소소하게 행복을 느끼면서 말이다. 여러분다운 멋진 인생을 살기 바란다.

연극배우 옥자연이 2021년 9월 TV 방송에서 학창 시절에 대해 말했다. "중학교 1학년 때부터 성적이 올랐다. 부모님 두 분이 선생님이셨는데, 학교 선생님들도 부모님처럼 느껴져서 절대로 졸거나 엉뚱한 일을 하는 건 용납이 안 됐다. 그래서 수업 듣는 자세가 좋았다."라고 털어놓았다. "서울대 출신 배우라는 타이틀이 부담스럽지 않냐?"라는 물음에 이렇게 밝혔다.

"언제나 부담스럽다. 모교 선배들 가운데 세 분이 세상을 바꿔 놓고 있어 자랑스럽다. 덕분에 어깨가 으쓱하다. 인문학을 전공한 사람은 고생하고 가난하다는 인식이 있는데, 요즘은 서울대 졸업생 중 인문대 출신들의 평균 연봉이 가장 높다고 말한다. 세상을 바꿔 놓고 있는 세 분 선배를 존경한다. 그 세 분은 바로 미학과 출신 방시혁 하이브 의장, 동양사학과 출신 이재용 삼성전자 부회장, 서양사학과 출신 정용진 신세계 부회장이다."

이재용은 정용진의 외사촌 형이다. 1968년 동갑인데, 이재용이 석 달 먼저 출생했다.

주식 공개로 황금 방석에 앉아

방시혁 빅히트 엔터테인먼트 의장은 방준혁 넷마블 게임즈 의장과 함께 기업 상장 첫날 주가가 급등과 급락을 반복하는 호된 신고식을 치른 가운데에도 막대한 수익을 올리면서 황금 방석에 앉은 행운아다.

금융투자 업계에 따르면 빅히트 엔터테인먼트는 오전 개장과 함께 공모 가격이 13만 5,000원의 두 배인 27만 원에 시초가를 형성하면서 2배 이상 급등하는 기적이 일어나더니 곧바로 차익 실현 물량이 쏟아져 주가가 내려앉았다.

방시혁 의장의 주식은 32억 달러(3조 6,900억 원)로, 당시 이건희 삼성전자 회장, 이재용 삼성전자 부회장, 서정진 셀트리온 회장, 김범수 카카오 이사회 의장, 정몽구 현대차 그룹 명예회장의 뒤를 이은 주식 부호로 이름을 올렸다.

빅히트 엔터테인먼트의 주요 공신인 방탄소년단(BTS) 멤버들도 빅히트 엔터테인먼트 주식 상장 성공에 힘입어 수백억 원대의 이익을 얻었다. 보통주 47만 8,695주를 보유한 BTS 멤버 7인의 주식 재산은 장 마감 기준 123억 5,310만 원으로 나타났다.

방시혁은 세계적인 아이돌 그룹 방탄소년단 소속사 하이브 대표직을 2021년 7월 1일 사임하고 '이사회 의장 역할에 집중'하고 있다. 이와 더불어 전문 영역인 음악 프로듀서 업무에도 전념, 본래의 길로 접어들었다. 이로써 하이브가 글로벌 경영 가속화를 위한 공격적인 리더십 정비를 단행한 것이다.

하이브의 새 대표이사에는 국내 조직을 책임졌던 박지원 HQ(헤드쿼터) 최고경영자가 선임됐다. 넥슨 코리아, 넥슨 재팬 CEO 출신인 박 신임 대표는 지난해 5월 하이브로 들어와 조직 전반을 체계화하는 데 집중해 왔다.

예술적 감각에 IT 기술 접목

방탄소년단은 2013년 데뷔 이후 2년여 동안 학교 3부작 시즌제 앨

범을 발표, 숨 쉴 틈도 없이 학교와 집 아니면 PC방을 드나드는 쳇
바퀴 같은 삶들을 살며 1등 하기를 강요받는 현재의 교육 현실이나,
청소년의 꿈에 대해 본인들이 생각하는 메시지를 노래로 전달했다.

그런 메시지를 전달하는 방탄소년단에 대해 세계적인 관심이 이어
졌다. 그 관심은 온라인에서부터 시작되어, 꾸준하게 팬들과 소통하는
통로가 되고 있다. 국내는 물론 해외 여러 나라 언론들이 방탄소년단
에 대한 관심을 가지면서 앞다투어 그들을 소개하고 집중 조명한다.

방시혁 의장과 방탄소년단(빅히트 엔터테인먼트)

미국 경제지 포브스는 "방탄소년단이 소셜미디어에서 영향력을 늘
리고 있는 헌신적인 팬들의 지지에 힘입어 미국 음악 차트에서 역사
적인 순위를 기록하고 있다."라고 평가하고, "방탄소년단은 미국 음
악 산업에서 증가하고 있는 세계화의 단면을 대변한다."라고 전했다.

미국 종합일간지 USA투데이 역시 방탄소년단에 대해 "2017년 한 해 동안 미국에서 가장 많이 트윗된 아티스트는 방탄소년단이다. 전 세계 어떤 스타보다도 트위터상에서 가장 많이 언급되었다."라고 상세한 분석 기사를 내놓았다.

미국의 유명 음악 잡지 빌보드는 "방탄소년단의 미국 시장 진출은 우연이 아니며 2013년 이후 해외 진출에 성공했다. DNA는 미국의 영향을 받은 K-팝이 미국 현지에 다시 영향을 주는 드문 사례 중 하나"라고 밝혔다. 뜨거운 인기 열풍에 힘입어 2017년 11월 20일 개최된 아메리칸 뮤직 어워드에 아시아 뮤지션으로 유일하게 초청돼 공연을 펼치는 행운을 누렸다.

시상식 가장 앞줄에 자리가 배치되며 하이라이트를 장식하는 등의 대우를 받았다. 방탄소년단의 무대를 소개한 체인스모커스는 "방탄소년단을 '인터내셔널 슈퍼스타'란 말로는 부족한 팀"이라며 칭찬을 아끼지 않았다.

미국 유명 매체 뉴욕 포스트, 인스타일과 엔터테인먼트 투나잇은 방탄소년단의 무대뿐만 아니라 공연을 즐기는 모습까지 '최고의 순간'으로 선정하며, "방탄소년단이 모든 관객을 열광시켰다."라고 보도했다.

피플지는 방탄소년단의 무대를 '놓치지 말아야 할 순간'으로 꼽으면서, "거대한 춤, 노래, 뮤직비디오 덕에 한국을 넘어 미국 10대까지 사로잡았다. 방탄소년단 7명 멤버들의 진정성 있는 이미지와 지혜로운 소셜미디어 사용, 글로벌한 팬 덕분에 미국 내 인기가 극치에 달했다. 특히 기획사의 예술적 감각과 IT 기술의 접목이 탁월하다."라고 칭찬했다.

영국의 방송 매체 BBC는 방탄소년단에 대해 'BTS는 K-팝 왕자들의 지속적인 힘'이라는 기사를 통해 "방탄소년단은 어느 K-팝 스타도 하지 못했던 악명 높은 미국 시장을 점령하고, 소셜미디어에서도 역사를 다시 썼다."라고 평가했다.

방시혁의 음악 사랑을 펴는 하이브 빅히트 엔터테인먼트는 이런 찬사에 보답하고자 더욱 열심히 새로운 메시지를 전달하고자 열정을 쏟고 있다.

▲ 하이브의 방시혁 의장

- 1972년 서울 출생
- 경기고등학교
- 서울대학교 미학과 학사
- 작곡가, 작사가, 음악 프로듀서
- 악기: 기타, 피아노
- 제6회 유재하 가요제 동상
- JYP 엔터테인먼트 수석 작곡가(음악PD)
- 빅히트 엔터테인먼트 대표이사
- 하이브(HYBE) 이사회 의장
- MBC '스타 오디션 위대한 탄생 1' 심사위원(멘토)
- 대한민국 콘텐츠대상 해외 진출 유공포상 대통령 표창
- 제34회 골든디스크 제작자상

메타버스 시대를 이끈 괴짜들의 창의력 이야기

한국의 IT 천재들

초판 1쇄 인쇄   2021년 12월 10일
초판 1쇄 발행   2021년 12월 15일

지은이 | 유한준
펴낸이 | 박정태
편집이사 | 이명수   감수교정 | 정하경
편집부 | 김동서, 위가연, 전상은
마케팅 | 박명준, 이환희   온라인마케팅 | 박용대
경영지원 | 최윤숙

펴낸곳   BOOK★STAR
출판등록   2006. 9. 8. 제 313-2006-000198 호
주소   파주시 파주출판문화도시 광인사길 161 광문각 B/D 4F
전화   031)955-8787
팩스   031)955-3730
E-mail   kwangmk7@hanmail.net
홈페이지   www.kwangmoonkag.co.kr

ISBN   979-11-88768-47-9 43040
가격   14,000원